JN237865

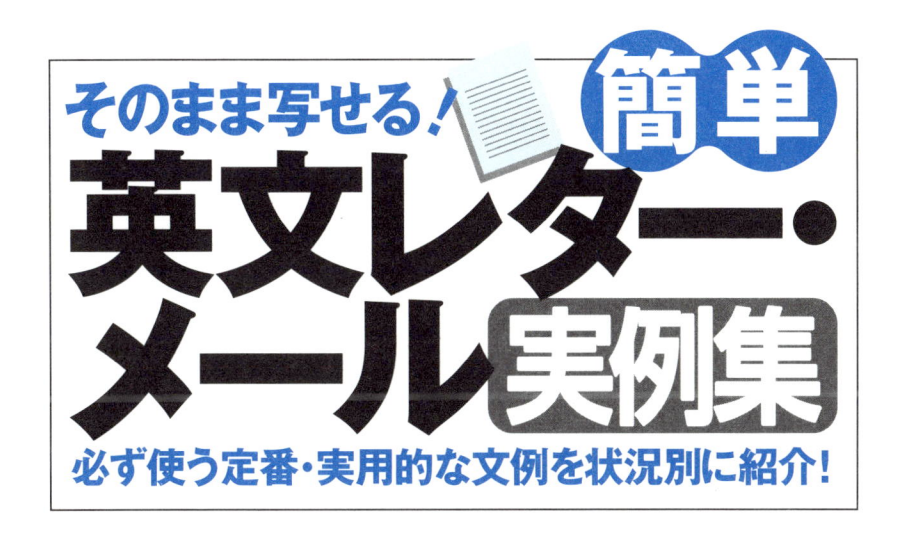

**そのまま写せる！簡単
英文レター・メール実例集**

必ず使う定番・実用的な文例を状況別に紹介！

成美堂出版

# 本書の使い方
## 文例をさしかえて、自分だけのオリジナルレターをつくろう

下線の引いてある文章は、下の「さしかえ文例」から自分に合った文例を探して、さしかえることができます。文例を探すときは、頭の番号に注目してください。例えば、ここの場合は下の「さしかえ文例」の1-①に対応しています。

**例文**

Dear Mr. Smith,

1　①It is for the first time I write a letter to you. I am a 20-year-old man named Hiroshi Kanda. ②Mr. Gabriel Drake, one of my university fellows, gave me your name and address because I was looking for an American penpal. ③I will be very pleased if you would be my pen-friend. May I write to you once in a while?

2　①Let me introduce myself. ②I am a university student living in Tokyo. ③My favorite hobbies are seeing movies and reading. Do you have any hobbies?

3　①I will be really happy if you would write a letter to me. I do not want to give you too much trouble, but I hope we would become good penpals. ②I am looking forward to your answer.

Sincerely yours,
*Hiroshi Kanda*

**英語力をアップ**
上の「例文」に出てきた重要な単語や熟語です。これらが使いこなせれば、英語による表現力はグンとアップ。ぜひ覚えましょう。

**覚えておきたい表現**

for the first time＝初めて
university fellow＝大学の友人　　look for〜＝探す
penpal (pen-friend)＝文通友だち　　be pleased＝うれしい
May I〜＝〜してもいいですか　　once in a while＝ときどき
let me〜＝〜させて下さい　　introduce myself＝自己紹介をする
give a person trouble＝人に迷惑をかける
be looking forward to〜＝楽しみにして待つ

## さしかえ文例

### 1-① はじめての手紙であることをことわる

はじめまして。　　　　　　　　How do you do?

突然のお手紙をお許しください。　Please allow me to write to you without permission.

上の「例文」で下線の引いてある文章は、ここから自分に合った文例を探して、さしかえることができます。「例文」の文章とは、頭の番号によって対応しています。

「例文」の文章と、下の「さしかえ文例」のなかの自分に合った文例をさしかえて、そのまま写して書けばできあがりです。おもしろいほどすらすらと英文レターが書けるようになります。

---

## 英文の意味をしっかり理解

左ページの「例文」の「対訳」です。番号も下線もそっくり対応しています。英文の意味をここでしっかり理解してください。

### 対訳

親愛なるスミス様

1　①はじめてお便りいたします。私は20歳の男性で、神田裕と申します。②私は大学で知り合ったガブリエル・ドレイクさんから、あなたのご住所を教えていただきました。私がアメリカ人のペンパルを探していたからです。③もしも文通相手になっていただければ、とてもうれしく思います。これから時々、手紙を出させていただいてもよろしいでしょうか。

2　①私の自己紹介をいたします。②私は東京に住む大学生です。③趣味は、映画と読書です。あなたは何か趣味をおもちでしょうか。

3　もしあなたがお返事をくだされば、大変うれしいのですが。①あまりご負担をかけたくはありませんが、私たちがよいペンパルになれることを願っています。②お便りいただけるのを楽しみに待っています。

敬具
神田裕

---

## 文例を少し手直しして完成

「さしかえ文例」のなかの下線の引かれた部分は固有名詞や具体的な例です。自分に合ったように書きかえてください。

### 1-② 相手を知ったいきさつを述べる

| クラスメートで留学生のドレイクさんが、あなたを紹介してくれたのです。 | Mr. Drake, a foreign student studying in Japan and one of my classmates, introduced you to me. |
|---|---|
| 英会話のトンプソン先生の紹介で、あなたに手紙を書いています。 | I am writing to you through the introduction of Mr. Thompson, my English conversation teacher. |

### 1-③ 用件を伝える

| 私のペンパルになってもらえませんか。 | Would you please become my penpal? |

意外にかんたん！

# CONTENTS

本書の使い方 ———————————————————— 2

## PART1 すぐわかる 英文レターの基本　9

英文レターの種類 ———————————————— 10
英文レターのレイアウト ————————————— 12
英文レターの構成 ———————————————— 14
封筒とハガキの表書き —————————————— 26

## PART2 すぐわかる Eメールの基本　31

Eメールを書くにあたって ————————————— 32
Eメールの基礎知識 ——————————————— 34

## PART3 すぐ書いて、すぐ出せる 日常の手紙　39

近況報告の手紙（1）学生の場合 —————————— 40
近況報告の手紙（2）社会人の場合 ————————— 44
お祝いの手紙（1）卒業祝い ———————————— 48
　◆入学祝い ——————————————————— 51
　◆就職祝い ——————————————————— 52
お祝いの手紙（2）婚約・結婚祝い ————————— 54

- ◆出産祝い ……… 58
- お祝いの手紙（3）誕生日祝い ……… 60
  - ◆結婚記念日のお祝い ……… 65
  - ◆受賞祝い ……… 65
  - ◆昇進・栄転祝い ……… 66
  - ◆退院・快気祝い ……… 67
- お礼の手紙（1）贈り物へのお礼 ……… 68
  - ◆お祝いへのお礼 ……… 71
- お礼の手紙（2）お世話になったことへのお礼 ……… 72
  - ◆お見舞い（病気・災害など）へのお礼 ……… 75
- 通知の手紙（1）出産の通知 ……… 76
  - ◆婚約・結婚の通知 ……… 79
- 通知の手紙（2）転居の通知 ……… 80
  - ◆退院の通知 ……… 84
- お見舞いの手紙（1）病気・けが見舞い ……… 86
- お見舞いの手紙（2）災害見舞い ……… 90
- 励ましの手紙　仕事で失敗した相手へ ……… 94
- 招待・案内の手紙　個人的な招待・案内 ……… 98
  - ◆招待・案内の返事 ……… 101
- 依頼の手紙（1）買物などの依頼 ……… 102
  - ◆現地案内の依頼 ……… 105
- 依頼の手紙（2）ペンフレンドの紹介の依頼 ……… 106
  - ◆その他の紹介に関する依頼 ……… 109
- 断りの手紙　依頼や招待などに対する断り ……… 110
- お詫びの手紙　予定の変更や取り消しのお詫び ……… 114
  - ◆その他のお詫び ……… 117
- お悔やみの手紙　遺族へのお悔やみ ……… 118

## CONTENTS

# PART4
## いきなりでも大丈夫　はじめて出す手紙　123

- 自己紹介の手紙（1）知人からの紹介相手へ —— 124
- 自己紹介の手紙（2）紹介機関を通じて知った相手へ —— 128
- 日本の文化を紹介する（1）日本の風習などについて —— 132
- 日本の文化を紹介する（2）伝統文化などについて —— 136
- ファンレター（1）ミュージシャン・俳優などへ —— 140
- ファンレター（2）作家へ —— 144
- ラブレター　好きになった相手への告白 —— 149

# PART5
## すぐに役立つ　実用的な手紙　153

- ファックスのカバーシート　基本的なカバーシート —— 154
- 海外通販の商品注文　指定のフォーマットがない場合 —— 156
- 海外通販の問い合わせ（1）カタログ請求に関する問い合わせ —— 160
- 海外通販の問い合わせ（2）商品の購入に関する問い合わせ —— 164
- 海外通販の問い合わせ（3）商品未着の問い合わせ —— 168
- 海外通販の苦情（1）届いた商品に対する苦情 —— 172
- 海外通販の苦情（2）請求の間違いに対する苦情 —— 176
- 海外旅行の予約（1）ホテルを予約する —— 180
  - ◆ホテルの予約の取り消し・変更 —— 183
- 海外旅行の予約（2）レンタカーの予約 —— 184
  - ◆飛行機の予約 —— 187
- 留学についての手紙　学校への資料請求 —— 188

| 就職についての手紙（1）就職の申し込み | 192 |
| 就職についての手紙（2）就職先の紹介のお願い | 196 |
| 履歴書　基本的な英文履歴書 | 200 |
| 紹介状　訪問・面会のための紹介 | 206 |
| 推薦状　就職先などのための推薦 | 210 |

# PART6
## ほんの数行で喜ばれる カードを出そう 215

- カードの書き方（1）お祝いのカード ——— 216
  - ◆誕生日 ——— 217
  - ◆クリスマス・新年 ——— 218
  - ◆婚約・結婚 ——— 219
  - ◆出産 ——— 220
  - ◆卒業・入学・就職 ——— 221
  - ◆快気・退院 ——— 221
- カードの書き方（2）正式な招待状と返信 ——— 222
  - ◆招待状 ——— 222
  - ◆出席の返事 ——— 226
  - ◆欠席の返事 ——— 226
  - ◆その他 ——— 227
- カードの書き方（3）お見舞い・お悔やみのカード ——— 228
  - ◆病気・けがへのお見舞い ——— 229
  - ◆災害等へのお見舞い ——— 230
  - ◆お悔やみ ——— 231
- カードの書き方（4）通知のカード ——— 232
  - ◆婚約・結婚 ——— 232

## CONTENTS

- ◆出産 —————————————————— 234
- ◆転居 —————————————————— 235
- ◆入学・卒業 ———————————————— 236
- ◆就職・転職・退職等 —————————— 237
- ◆死亡 —————————————————— 238
- ◆全快・退院 ————————————————— 240

# PART7 使ってみたい ステップアップ文例集 241

- 季節感をあらわす表現 ——————————— 242
- 喜怒哀楽をあらわす表現 —————————— 248
- アメリカ合衆国の州名 ——————————— 252
- 親しくなったら使いたい愛称 ——————— 254

## 付録

# 国際郵便の決まり 257

- 国際郵便物の送り方 ———————————— 258
- 国際郵便の種類 ——————————————— 260
- 郵便料金一覧表 ——————————————— 266

---

執筆協力／高橋寿美江（アトリエ・ジェムス）
本文デザイン／小山弘子（クリエイティブオフィス・アクト）
イラスト／大羽りゑ・イオック
写真提供／英国政府観光庁
編集／球形工房

# PART 1

## すぐわかる
## 英文レターの基本

英文レターはかんたん。
とはいえ、いくつかの大切な決まりもあります。

英文レターの種類
英文レターのレイアウト
英文レターの構成
封筒とハガキの表書き

# 英文レターの種類
## 英文レターの3つの種類とその違い

英文レターの種類は、大別すると下記の3つに分けられます。
1. **個人的な手紙（Personal letters）**
2. **ビジネス・レター（Business letters）**
3. **公用文（Official letters）**

それぞれの手紙には基本的な形式があり、不必要な誤解や混乱を避けるためにも、それらは頭に入れておくようにしたいものです。

## 1 個人的な手紙 ——— Personal Letters

これは個人が私的な用件で出す手紙で、家族や友人、恋人などごく親しい相手に出す**インティメート・レター**（Intimate letters）と日常生活ではそれほど親しくない相手への**ソーシャル・レター**（Social letters）があります。

### インティメート・レター

一定の礼儀さえ踏まえておけば、他の種類の手紙ほどルールに縛られることなく、思ったことをそのまま書いてかまいません。堅苦しいものにならないよう、なるべく普通に話すような調子で書くとよいでしょう。

### ソーシャル・レター

一般的な「社交文」であるソーシャル・レターは、さらに2種類に分けられます。正式な招待状やその返信、婚約・結婚の通知などで使われる、最も社交儀礼を重んじる公式な手紙の**フォーマル・レター**（Formal letters）と、比較的格式ばっていない非公式な手紙の**インフォーマル・レター**（Informal letters）です。

フォーマル・レターには通常一定の書式があり、文中には必要最小限の用件のみを書いて送ります。また、自分（たち）を第三人称で表すという決まりがあります（カードの書き方P.222～227参照）。

## 2 ビジネス・レター ——— Business Letters

ビジネス・レターとは、文字通りビジネスに関する手紙のことをさし、企業間や個人と企業の間での業務や取引に使われます。

この種類の手紙でも、昔から商業英語と呼ばれる特別な形式が用いられてきました。しかし、それも最近では比較的自由になってきており、これまでの堅苦しい形式のものは少なくなっています。
　とはいえ、現在でもやはりある程度の決まりは守られており、心得ておかなければならない点がいくつかあります。

### ビジネス・レターを書くときのポイント

● 簡潔明瞭かつ正確な文章が要求され、伝えるべき内容が過不足なく具体的に書かれていなければなりません。余分な内容を極力省き、相手に用件をすぐに把握してもらう工夫が常に必要となります。
● 重要な取引の情報を、正確に相手に伝える必要があります。その意味でも手書きは避け、パソコンを使うのが望ましいでしょう。
● ただしパソコンを使う場合でも、自分の名前だけは本人が手書きで署名（サイン）しなければなりません。

## 3 公用文 ─────── Official Letters

　官公庁や政府間などで使われる公式な手紙です。
　全般的に一定の形式がある場合が多く、決まった書式や型を守って書く必要があります。
　一般の読者の方々には、あまり必要とされる機会がないと思われるので、本書では省略しました。

- インティメート・レターなら気軽に書ける
- ビジネス・レターは簡潔に、手書きでなく、パソコンで
- 正式な招待状や婚約・結婚の通知などは公式な手紙のフォーマル・レターで書式にのっとって書く

# 英文レターのレイアウト
## 英文レターで使われる4通りのスタイル

## 1 インデント式 ——Indented Style

- 差出人の氏名、住所、日付は便せんの右端に書き、住所を各行の頭を少しずつずらします。
- 受取人の氏名、住所は左端から、各行の頭を少しずつずらします。
- はじめの挨拶は左端に、本文は各段落の行頭を5文字程度右に下げて書きます。
- 結びの挨拶と署名は中央よりやや右寄りに書きます。
- 追伸は左端から書きます。
- イギリスや旧イギリス領の国々で、好んで使われるスタイルです。

## 2 フル・ブロック式 ——Full-Block Style

- すべての要素を、左端から各行の頭をそろえて書きます。
- 各段落の間を1行スペースをあけます。
- このスタイルは能率的なので、特にパソコンなどを使った手紙やビジネスレターに適しています。
- アメリカで多く用いられていましたが、最近では、イギリスでも一般的になっています（イギリスでこのスタイルが用いられる場合は、差出人の住所、日付を右端に寄せて書くことが多いようです）。

## 3 スタンダード・ブロック式 ―Standard-Block Style

- 差出人の氏名、住所、日付は右端に各行の頭をそろえて書きます。
- 受取人の氏名、住所、はじめの挨拶、本文などは、すべて左端に頭をそろえて書いていきます。
- 各段落の間を1行スペースをあけます。
- 結びの挨拶と署名は中央よりやや右寄りに書きます。
- 追伸は左端に頭をそろえて書きます。

```
                                    Shinji Watanabe
                                    3-1,Shinogawa-cho 2-chome
                                    shinjuku-ku, Tokyo 162-0814
                                    Japan

                                    July 17, 2005

Mr.Peter Tompson
390 College Avenue
Oakland, CA 94618
U.S.A.

Dear Peter,

How have you been?  I was very glad to receive your letter today.

I have just finished the term exam and the long-awaited summer vacation
has finally come.  We can enjoy some 40 days vacation from now. During
the holidays I am going to devote myself to practicing my favorite basketball.

I really envy you who can easily watch every NBL game.  Did you recently
watch some NBL games?  Please be sure to watch some NBL games
together with me when I visit the U.S. someday. I am looking forward to
that day.

I heard that it is too hot in California this year. Please take care of your
health. Well, that is all for today.

                                    Sincerely yours,

                                    Shinji Watanabe
                                    Shinji Watanabe

P.S. Do you have any books about NBL?
```

## 4 セミ・ブロック式 ―Semi-Block Style

- 本文以外は、スタンダード・ブロック式と同じように書きます。
- 受取人の氏名、住所は左端に頭をそろえて書きます。
- はじめの挨拶は左端に、本文は各段落の行頭を5文字程度右に下げて書きます。
- 各段落の間を1行スペースをあけます。
- 結びの挨拶と署名は中央よりやや右寄りに書きます。
- 追伸は左端に頭をそろえて書きます。

```
                                    Shinji Watanabe
                                    3-1, Shinogawa-cho 2-chome
                                    shinjuku-ku, Tokyo 162-0814
                                    Japan

                                    July 17, 2005

 Mr.Peter Tompson
390 College Avenue
Oakland, CA 94618
U.S.A.

Dear Peter,

     How have you been?  I was very glad to receive your letter today.

     I have just finished the term exam and the long-awaited summer
vacation has finally come.  We can enjoy some 40 days vacation from now.
During the holidays I am going to devote myself to practicing my favorite
basketball.

     I really envy you who can easily watch every NBL game.  Did you
recently watch some NBL games?  Please be sure to watch some NBL
games together with me when I visit the U.S. someday.  I am looking
forward to that day.

     I heard that it is too hot in California this year.  Please take care of
your health.  Well, that is all for today.

                                    Sincerely yours,

                                    Shinji Watanabe
                                    Shinji Watanabe

P.S. Do you have any books about NBL?
```

★英文レターのレイアウト

# 英文レターの構成
## 英文レターを構成する7つの要素

英文レターは、主に次の7つの要素で構成されています。

1. 頭書き（Heading）　……………………　差出人の氏名、住所、発信の日付
2. 序部（Introduction）　…………………　受取人の氏名、住所
3. 敬辞（Salutation）　……………………　はじめの挨拶
4. 本文（Body）　……………………………　手紙の本文
5. 結辞（Complimentary Close）　………　結びの挨拶
6. 署名（Signature）　……………………　差出人自筆のサイン
7. 追伸（Postscript）　……………………　追伸文（必要な場合のみ）

---

**1. 頭書き**
Shinji Watanabe
3-1, Shinogawa-cho 2-chome
Shinjuku-ku, Tokyo 162-0814
Japan

July 17, 2005

**2. 序部**
Mr. Peter Tompson
390 College Avenue
Oakland, CA 94618
U.S.A.

**3. 敬辞**
Dear Peter,

**4. 本文**
How have you been? I was very glad to receive your letter today.

I have just finished the term exam and the long-awaited summer vacation has finally come. We can enjoy some 40 days vacation from now. During the holidays I am going to devote myself to practicing my favorite basketball.

I really envy you who can easily watch every NBL game. Did you recently watch some NBL games? Please be sure to watch some NBL games together with me when I visit the U.S. someday. I am looking forward to that day.

I heard that it is too hot in California this year. Please take care of your health. Well, that is all for today.

**5. 結辞**
Sincerely Yours,

**6. 署名**
*Shinji Watanabe*
Shinji Watanabe

**7. 追伸**
P.S. Do you have any books about NBL?

## 1 頭書き ——————————Heading

　英文レターでは、一番最初に自分の氏名と住所、そして日付を書きます。何度も手紙をとり交わした相手やごく親しい人などに出す場合は、住所を省いてもかまいません。
　また、ビジネス・レターでは、多くの場合あらかじめ会社名とともに住所が印刷された便箋を使いますので、あらためて住所を書く必要はありません。しかし、この場合でも日付は忘れないように書きましょう。

### 差出人の住所の書き方

　住所は、下記のように、日本語で書く場合とは順序が逆になります。
1行目……………番地、町村名
2行目……………都市名（郡市区名）、都道府県名、郵便番号
3行目……………国名

例）　〒162-0814　東京都新宿区新小川町2-3-1
▼
番地、町村名………………………3-1新小川町2
都市名、都道府県名、郵便番号………新宿区東京都　〒162-0814
国名…………………………………日本
▼
3-1 Shinogawa-cho 2-chome……番地、町村名
Shinjuku-ku, Tokyo 162-0814……都市名、都道府県名、郵便番号
JAPAN ………………………………国名

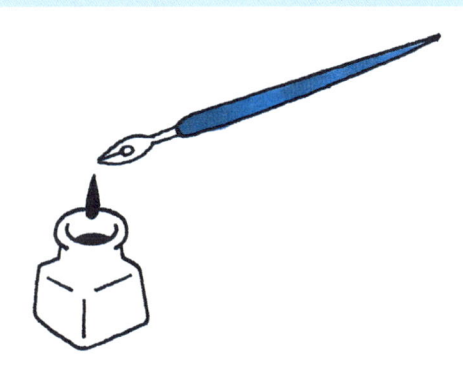

★英文レターの構成

## 差出人の住所を書くときのポイント

● 〜丁目（-chome）、〜町（-cho/-machi）、〜区（-ku）、〜郡（-gun）などは、日本語（ローマ字）のままハイフンでつなぎます。
● 番地と町名は、一般的には前に示した例のように、3-1, Shinogawa-cho 2-chomeと書きますが、2-3-1,Shinogawa-choと書くこともできます。
● 都市名と都道府県名が同じ場合は、都道府県名を省略できます。
● 都（-to）、道（-do）、府（-fu）、県（-ken）などはつけません。
● アパートやビル、団地、下宿などを表記する場合は下記のように書きます。

例）　　　　日の出町1-3-40　曙アパート201号
　　　　　　　　　　　▼
　　　　　　　#201 Akebono-Apt.
　　　　　　　3-40, Hinode-cho 1-chome
　　　　（Apt.はアパートの略号。#は部屋番号を表します。Rm.[Room]やNo.でもかまいません。）
アパート名を省略する場合
　　　　　　　3-40-201, Hinode-cho 1-chome

梅田センタービル7階 ………… 7th Fl.［Floor］Umeda-Center Bldg.
　　　　　　　　　　　　　　　　　（ビルはBldg.[Building]と書きます。）
山口富士夫様方……………… c/o Mr. Fujio Yamaguchi
　　　　　　　　　　（c/oは、care of の省略形で、〜様方、〜気付にあたります。）

## 日付の表し方

日付は住所の下に行をあけずに、または1〜3行あけて書きます。
形式は、アメリカとイギリスでは異なり、アメリカ式は「月・日（基数）・西暦」、イギリス式は「日（序数）・月・西暦」の順に書きます。

例）2005年5月7日の場合

|  | 正式 | 略式 |
|---|---|---|
| アメリカ式 | May 7, 2005 | 5/7/05 |
| イギリス式 | 7th May, 2005 | 7/5/05 |

（正式の場合は、月日と年号の間にコンマを入れます。）

日にちを表す序数詞は、以下のように書きます。

| | | |
|---|---|---|
| 1日……1st | 2日……2nd | 3日……3rd |
| 21日……21st | 22日……22nd | 23日……23rd |
| 31日……31st | | |

その他の日にちについては、それぞれ数字の後にthをつけます。

例） 4日……4th　　15日……15th　　26日……26th

日付の略式は、ハガキなどのごくインフォーマルな手紙で用いられます。しかし、アメリカ式とイギリス式とで月と日の順序が逆になっており、間違えやすいので、月名は綴りで入れるほうが望ましいでしょう。

月名は、親しい間柄なら下記のように省略して書くこともできます。

| | | |
|---|---|---|
| 1月 January……Jan. | 2月 February……Feb. | 3月 March……Mar. |
| 4月 April………Apr. | 5月 May……May | 6月 June……Jun./June |
| 7月 July……Jul./July | 8月 August……Aug. | 9月 September…Sept. |
| 10月 October…Oct. | 11月 November…Nov. | 12月 December…Dec. |

## 2 序部 — Introduction

　日付から2〜3行ほど下の左端に、受取人の氏名と住所を書きます。
　封筒の表に書く受取人の氏名と住所を**アウトサイド・アドレス**（Outside address）と呼びますが、それに対して便箋に書く受取人の氏名と住所を**インサイド・アドレス**（Inside address）と呼びます。インサイド・アドレスは、封筒と便箋がばらばらになった場合でも、その手紙が誰宛のものかわかるようにするためのものです。
　親しい相手に書く場合は、氏名だけでもかまいません。また、さらにごく親しい相手には省略することもできます。けれども、ビジネスレターなどでは必ず必要となりますので、書き忘れのないようにしましょう。

### 受取人の氏名の書き方

　受取人の氏名は、ファーストネーム（名前）とラストネーム（姓）を含むフルネームを書きます。ミドルネーム（クリスチャンネーム）は頭文字だけでもかまいませんが、すべて綴るのが正式な書き方です。

インサイド・アドレスで、最も注意が必要なのは敬称です。受取人の氏名には、次のような敬称を必ずつけます。

### ●特に肩書きを持たない相手への一般的な敬称

> Mr. …… 青年または成年の男性に対する敬称（複数形は Messrs.）
> Mrs. …… 既婚女性に対する敬称（複数形は Mmes.）
> Miss …… 未婚女性に対する敬称（複数形は Misses）
> 　　　　　（Mistressの短縮形ですが、ピリオドはつけないので注意しましょう。）
> Ms. …… 未婚、既婚を問わず女性に対する敬称（複数形は Mses.）
> 　　　　　　　　　　　　　　　　　　　　（ビジネスレターでよく使われます。）
> Master … 少年に対する敬称

相手が女性で、Mrs.とMissのどちらを使ってよいのかわからない場合は、Ms. を使うのが無難です。

### ●Mr. に代わって用いられる丁寧な敬称

> Esq. …… Esquireの短縮形（「〜殿」に近いニュアンス）

主にイギリスで使われる非常に丁寧な表現で、公式の手紙向きです。
下記のように氏名の後にコンマをうち、そのうしろにつけ加えます。

> 例）　キース・M・ウェスト殿 …… Keith M. West, Esq.
> 　　　　　　　　　（Mr.などとは、つける位置が違うので注意しましょう。）

### ●特別な肩書きや称号を持つ相手への敬称

> Dr. ……… 医師や博士号を持っている相手への敬称
> Prof. …… 大学（または研究機関など）の教授への敬称
> 例）　ベンジャミン・アーノルド教授 …… Prof.Benjamin Arnold

Mr. や Mrs. の代わりに用います。
具体的な学位を表す場合は「Mr./ Ms. ＋氏名＋博士号」の形にします。

> 例）　キャロライン・モリス文学博士 …… Ms.Caroline Morris, D. Litt.

その他に具体的な学位を表す敬称として、以下のものがあります。

> M.D. …… 医学博士　　Phar.D. …… 薬学博士　　D.Sc. …… 理学博士
> LL.D. …… 法学博士　　D.Eng. …… 工学博士　　Ph.D. …… 哲学博士

● **夫妻に宛てた場合の敬称**

Mr. and Mrs.＋男性の氏名
例) Mr. and Mrs.John Mayer　または、 Mr.John and Mrs.Jane Mayer

● **団体や企業に宛てた場合の敬称**

Messrs.……「～御中」の意
例) Messrs. Atlantic Electronics Corp.

## 受取人の氏名と住所の書き方

インサイド・アドレスの書き方は、通常封筒の住所、氏名と合わせます。
1行目……………敬称＋受取人氏名
2行目……………番地、街路名
3行目……………都市名、(州名)、郵便番号
4行目……………国名

例)　　ブロック式　　　　　　　　　インデント式

Mr.Peter Tompson　　　　　　Mr.Peter Tompson
390 College Avenue　　　　　　390 College Avenue
Oakland, CA 94618　　　　　　Oakland, CA 94618
U.S.A.　　　　　　　　　　　　U.S.A.

ビジネス・レターでは、相手の役職や部署名、会社名等が入ります。
1行目……………敬称＋受取人氏名
2行目……………役職名、部署名
3行目……………会社名（団体名）
4行目……………番地、街路名
5行目……………都市名、(州名)、郵便番号
6行目……………国名

例)　　Mr. Edger Williams……………………敬称＋受取人氏名
　　　 Manager, Export Division …………役職名、部署名
　　　 Pacific Trading Corporation…………会社名（団体名）
　　　 37 Notting Hill Gate…………………番地、街路名
　　　 London W11 3HK……………………都市名、(州名)、郵便番号
　　　 ENGLAND………………………………国名

★英文レターの構成

# 3 敬辞 ──────Salutation

これは日本語の手紙の**「拝啓」や「前略」にあたる呼びかけの言葉**です。

英文レターでは時候や安否の挨拶を書かないため、この呼びかけの言葉だけでこちらの挨拶の気持ちを伝えます。それだけに、この部分は重要な意味をもちます。

敬辞は、序部から1〜2行ほど下の左端に書きます。インサイド・アドレスを省略した場合は、少し余分にスペースをとります。

敬辞は相手により書き方が異なるので、下記の表を参考にして慎重に選びましょう。

| 相手 | 意味 | イギリス式 | アメリカ式 |
| --- | --- | --- | --- |
| 男性 | 「―様」 | Dear Mr.―, | Dear Mr.―: |
| 既婚女性 | 「―様」 | Dear Mrs―, | Dear Mrs.―: |
| 未婚女性 | 「―様」 | Dear Miss―, | Dear Miss ―: |
| 既/未婚女性 | 「―様」 | Dear Ms.―, | Dear Ms.―: |
| 親しい男/女性 | 「+君/さん/ちゃん」 | My dear+, | Dear+: |
| 男性 | 丁寧な呼びかけ | Dear Sir, | Dear Sir: |
| 女性 | 丁寧な呼びかけ | Dear Madam, | Dear Madam: |
| 男性 | 公式な敬辞 | Sir, | Sir: |
| 女性 | 公式な敬辞 | Madam, | Madam: |
| 夫婦 | 「―様ご夫妻」 | Dear Mr.and Mrs.―, | Dear Mr.and Mrs.―: |
| 企業/民間団体 | 「御中」 | Dear Sirs, | Gentleman: |
| 公共団体/官庁 | 「御中」 | Sirs, | Gentleman: / Sirs: |
| 婦人団体 | 「御中」 | Dear Madams, | Ladies: |
| 医師/博士号を持つ人 | 「―先生」「―博士」 | Dr.―, | Dr.―: |
| 大学(研究機関)の教授 | 「―教授」 | Dear Professor―, | Dear Professor―: |

(+の後にはファーストネーム(名前)、−の後にはラストネーム(姓)が入ります。)

## 敬辞の基本ルール

●Dearの後には、フルネームはつけません。

**Dear ＋敬称＋ラストネーム（姓）＋コンマ( , )またはコロン( : )**

●ファーストネーム（名前）には、敬称をつけません。

**Dear ＋ファーストネーム（名前）＋コンマ( , ) またはコロン( : )**

　敬辞の句読点は、基本的には、イギリスではコンマ( , )、アメリカではコロン( : )を使います。しかしアメリカの場合、ビジネス・レターや公式なソーシャル・レター、公用文などではコロン( : )を使い、個人的な手紙ではコンマ( , )をつけるといった使い方もされているようです。ただし、イギリスでは、すべての場合にコンマ( , )を使います。

●ビジネス・レターで、役職名だけがわかる場合は下記のように書きます。

例) **Dear President, ( : )**　　　　　　**Dear Sales Manager, ( : )**

## 4 本文 ——Body

　本文は、敬辞から1行または2行あけて書きはじめます。
　英文レターでは、日本語の手紙のように時候の挨拶などから書き始める必要はありません。すぐに用件に入るのがふつうです。

## 本文を書くときのポイント

●話題ごとに段落を分け、要点がよくまとまった文章にしましょう。
●一文が長くなりすぎないよう適当な長さで区切りましょう。
●本文が何枚にもわたるときには、各便箋の上部にページ番号を書き入れます。
●最後の便箋に本文が1〜2行しか書かれていないというのは、あまり見栄えがよくありません。最後の段落を書き直す、あるいは本文全体の行間を広くするなどして工夫しましょう。
●単語がその行で書き切れず、途中で行がかわってしまうような場合には、ハイフン（-）を使って区切ります。区切る場所には、必ず音節単位で区切るのがルールです。きちんと辞書で調べて、間違った位置で区切ることのないように注意しましょう。

★英文レターの構成

# 5 結辞 ── Complimentary Close

日本でいう**「敬具」や「謹言」、「草々」などにあたる結びの言葉**です。

ふつう本文から1～2行ほどあけ、フル・ブロック式は左端に、それ以外は中央よりやや右寄りに書きます。

最初の語は大文字で書きはじめ、最後に必ずコンマ（,）をつけます。

この結辞は、単なる形式的な言葉ではなく、相手に対する敬意や親愛の気持ちなどを表す大切な言葉なので省略することはできません。

結辞には、下記のようにいろいろなバリエーションがあります。敬辞とのバランスや手紙の内容、相手との親密度などを考慮しながら最適なものを選ぶようにしましょう。

## 結辞のバリエーション

丁寧さ（formality）の順に紹介しましょう。

● **外交、裁判、宗教関係などの公用文につける最も格式ばった結辞**

| | |
|---|---|
| Very respectfully yours, | Respectfully yours, |
| Yours respectfully, | Respectfully, |
| Sincerely yours, | |

● **国会議員や政府官僚、司祭などに公式な手紙を出す場合の結辞**

| | |
|---|---|
| Very truly yours, | Yours very truly, |
| Truly yours, | Yours truly, |
| Sincerely yours, | |

● **ビジネス・レターや個人的なフォーマル・レターに使う結辞**

| | |
|---|---|
| Very sincerely yours, | Sincerely yours, |
| Yours sincerely, | Very sincerely, |
| Sincerely, | Very truly yours, |
| Yours very truly, | Truly yours, |
| Yours truly, | Very cordially yours, |
| Cordially yours, | Yours cordially, |
| Very faithfully yours, | Faithfully yours, |
| Yours faithfully, | |

●最も一般的で多目的に使うことのできる結辞

| Very sincerely yours, | Sincerely yours, |
| Yours sincerely, | Sincerely, |
| Very truly yours, | Yours truly, |

●フォーマルとインフォーマルの中間程度の手紙に使う結辞

| Sincerely yours, | Yours sincerely, |
| Sincerely, | Cordially yours, |
| Yours cordially, | Cordially, |
| With all kind regards, | Warm regards, |
| Warm personal regards, | Best regards, |
| All the very best, | With best wishes, |
| With all best wishes, | Best, |

●親しい友人に宛てたインフォーマル・レターに使う結辞

| Sincerely, | Sincerely yours, |
| Cordially, | Cordially yours, |
| Faithfully, | Faithfully yours, |
| Best regards, | Kindest regards, |
| Warmest regards, | With kind regards, |
| Yours, | With all my love, |
| lovingly, | Lovingly yours, |
| Fondly, | Affectionately, |
| Love, | As ever, |
| As always, | Devotedly, |
| Cheers! | Your friend, |
| Be well, | Bye for now, |

★英文レターの構成

　なお、使用頻度ではSincerely の類型が最も多く、あらゆる種類の手紙の75％にSincerely を含んだ結辞が使われています。Truly やCordially の類型がこれに続きます。
　日本人やイギリス人は Faithfully の類型を好んで使用する傾向がありますが、アメリカ人はTruly の類型を多用します。迷った時は **Sincerely yours,** や **Very truly yours,** を使うのが無難でしょう。

# 6 署名 ─────────────Signature

　英文レターでは、署名は大変重要です。本文をすべてパソコンで打った場合でも、署名だけは必ず**自筆**でします。
　結辞の下の3～4行分くらいのスペースを使い、結辞の頭よりほんのわずかに右寄りの位置から、あるいは結辞の頭にそろえて書きはじめます。

## 署名の基本ルール

- 通常、ファーストネーム（名前）とラストネーム（姓）は省略せず、フルネームで書きますが、ごく親しい間柄の場合はファーストネーム（名前）だけでもかまいません。
- 自筆の署名はくずして書かれたものが多く、それだけでは読みにくい場合があります。そのため、自筆の署名の下に、あらためて自分の姓名を、パソコン、あるいは、はっきりとした読みやすいブロック体（活字体）で書きます。相手が親しい人の場合は省くことができますが、ビジネス・レターなどでは必ず必要となります。
- はじめて手紙を書く相手など、性別をはっきりさせる必要のある場合は、自筆の署名の下にあらためて書き入れた姓名の、前またはうしろにMr.やMs.などの敬称をつけ加えます。

## 署名をするときのポイント

　欧米では、署名は日本の印鑑にあたり、本人を確認し、手紙の文面に書かれた内容の責任の所在を明確に示す重要なものです。したがって、署名を書くときには、**自分独自のサインとして一定の形を決めて、いつも同じ字体で書く**ようにしましょう。

---

例）

　　　一般の手紙の場合　　　　　　ビジネス・レターの場合

　　　*Fumiko Noguchi*　　　　　　*Fumiko Noguchi*

　　　Fumiko Noguchi (Miss)　　　Fumiko Noguchi
　　　　　　　　　　　　　　　　　General Manager（役職名）
　　　　　　　　　　　　　　　　　Planning Department（部署名）

## 7 追伸 ——————————— Postscript

　署名をした後になって、本文に書き忘れたことや書き足したいことがあった場合は、一番最後に、追伸として書き添えます。
　署名から1行程度のスペースをあけて、左端から **P.S.**(Postscript の略)として用件をつけ足します。

### 追伸についての注意点
- 追伸は簡潔に書き、長くても2～3行にとどめましょう。もし長くなるようなら、面倒でも書き直して本文に組み込んだほうが印象がよくなります。
- ビジネス・レターや公的な手紙では、原則として追伸は使われません。個人的な手紙であっても、追伸の多用はマナーの点からも、できるだけ避けたほうがよいでしょう。

### 手紙を書き終えたら
　手紙を書き終えたら、便箋を封筒に入れて、のりづけしてしまう前に、もう一度しっかり読み返してみましょう。

- 敬辞は相手に合わせて正しく書かれているか　結辞も適当な言葉が選ばれているか
- 伝えるべき大切な用件を書き忘れていないか
- スペルを間違えているところはないか
- 署名はきちんと自筆で書き入れたか

★英文レターの構成

# 封筒とハガキの表書き
## 表書きの基本的な書き方

## 1 封筒の書き方

　手紙を書き終えたら、封筒に受取人の氏名と住所、そして差出人の氏名と住所を書きましょう。

### 封筒を書くときのポイント
●宛名や宛先が読みやすくなるよう、パソコンなどが使える場合は、それを使って書きましょう。
●手書きにする場合でも、筆記体は避け、ブロック体（活字体）で、できるだけ読みやすく丁寧に書きます。
●受取人の氏名と住所を自分のものよりも大きく書くとよいでしょう。
●封筒に書く差出人と受取人それぞれの氏名と住所は、通常、便箋と同じスタイルで書くようにします。便箋にインデント式で書いた場合は、封筒もインデント式で、また便箋にブロック式（フル・ブロック式、スタンダード・ブロック式、セミ・ブロック式）で書いた場合は、ブロック式で書くのが一般的といえます。

### 差出人の氏名と住所の書き方
　差出人の氏名と住所は、次の順で書きます。
1行目……………差出人（自分）の氏名
2行目……………番地、町村名
3行目……………都市名（郡市区名）、都道府県名、郵便番号
4行目……………国名
　2〜4行目の差出人の住所の書き方については、**便箋の頭書き（P.15〜17）**のところで詳しく説明しています。そちらを参照しながら正確に書いてください。
　封筒へは、表側の左上、あるいは裏側の中央上部（かぶせ蓋の部分）に書きます。
　一般的には、次頁見本上のように封筒の表の左上に書かれることが多いのですが、こちらはどちらかというとアメリカでよく使われる書き方で、イギリスでは、次頁見本下のように封筒の裏側に書かれることが多いようです。

●差出人の氏名と住所を表に書く場合（ブロック式）

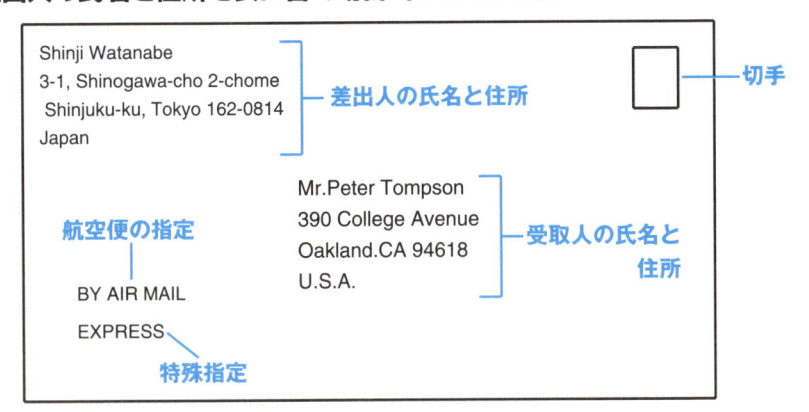

```
Shinji Watanabe
3-1, Shinogawa-cho 2-chome     ─ 差出人の氏名と住所
Shinjuku-ku, Tokyo 162-0814
Japan                                              切手

航空便の指定          Mr.Peter Tompson
                      390 College Avenue       ─ 受取人の氏名と
           BY AIR MAIL   Oakland.CA 94618          住所
                      U.S.A.
              EXPRESS
                      特殊指定
```

●差出人の氏名と住所を裏に書く場合（インデント式）

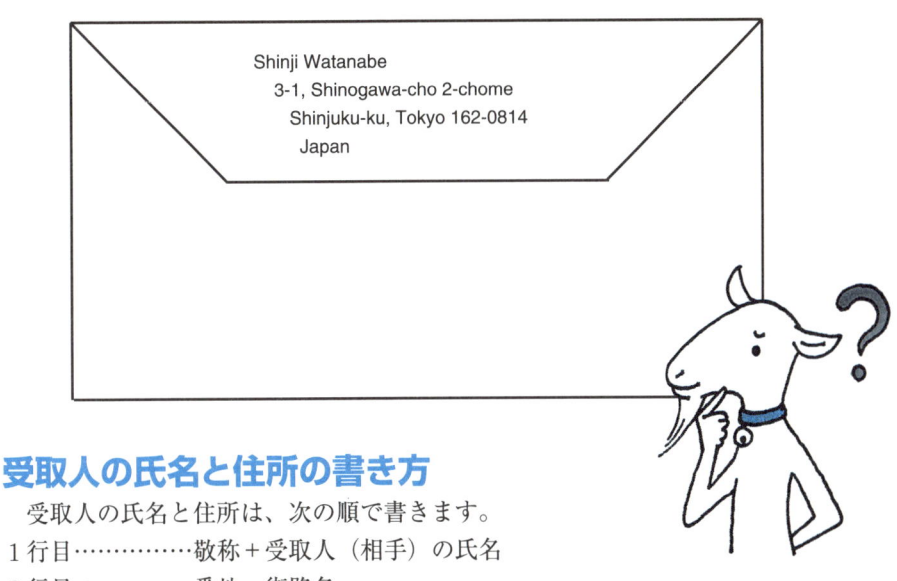

```
        Shinji Watanabe
        3-1, Shinogawa-cho 2-chome
         Shinjuku-ku, Tokyo 162-0814
              Japan
```

## 受取人の氏名と住所の書き方

　受取人の氏名と住所は、次の順で書きます。
1行目…………敬称＋受取人（相手）の氏名
2行目…………番地、街路名
3行目…………都市名、（州名）、郵便番号
4行目…………国名

　受取人の氏名と住所の書き方は、**便箋の序部（P.17～19）** で詳しく説明しています。そちらを参照しながら、間違いのないように書きましょう。

　書く位置は、封筒の中央部か、中央部よりやや下に来るようにします。切手で文字が隠れたりすることのないようにしましょう。

★封筒とハガキの表書き

## 航空便（船便等）の指定

　まわりが赤と青で縁取りされている、エアメール用の市販の封筒には、航空郵便を示す **VIR AIR MAIL** や **PAR AVION** などの文字が、あらかじめ印刷されています。そうした印刷のない封筒の場合は、郵便局でスタンプを押してもらうか、郵便局に置いてある専用のシールを貼ります。また、赤か青字の大文字のブロック体を使って、**BY AIR MAIL**、**VIR AIR MAIL**、**PAR AVION** などと自分で記入してもかまいません。この指定を忘れると、自動的に船便となってしまうので注意しましょう。

　また、船便のときは、**BY SEA**、**VIR SEA MAIL** などと書きます。この場合も、郵便局のスタンプやシールを利用してもかまいません。

## 特殊指定（必要な場合のみ）

　必要な場合は速達、書留などの指定を付記します。
　主なものは以下のとおりで、封筒の左下に目立つように大文字のブロック体（活字体）で表示します。

| | | |
|---|---|---|
| 速達 | EXPRESS<br>または<br>SPECIAL DELIVERY | 特別料金が必要です。郵便局の窓口に申し出ましょう。 |
| 書留 | REGISTERED | 紛失などを避けたい場合に指定します。特別料金がかかります。郵便局の窓口に申し出ましょう。 |
| 至急 | URGENT<br>または<br>IMMEDIATE | 受取人にすぐに読んでほしい場合に指定します。 |
| 親展 | PERSONAL<br>または<br>PRIVATE | 受取人本人が手紙を開封することを求めるものです。一般にビジネスレターで使われます。 |
| 極秘 | CONFIDENTIAL | 親展と同様に、一般にビジネスレターで使われるものです。個人的な手紙では使われません。 |

### 切手

切手は、封筒の右上に貼ります。

料金は地域や重さによって変わるので、必要な料金分の切手を間違いのないように貼りましょう。

## 2 ハガキ・絵ハガキの表書き

ハガキは封書にくらべ、外国でもカジュアルなものとされているため、原則として、親しい相手に送るものと考えてください。

● **お礼状**

お礼状などは、手紙を書くのを先延ばしにしてお礼が遅れてしまうよりは、親しい相手であれば、ハガキでもかまわないでしょう。

● **年賀状**

年賀状については、クリスマスカードを兼ねた年末年始のグリーティングカード（カードの書き方P.216参照）として、封筒に入れて送るのが一般的ですが、日本で使われる年賀状も、郵便局の窓口で追加料金を払えば、海外へ送ることができます。

● **私製ハガキ**

私製ハガキや国内用のハガキを使う場合は、次頁の図のように上部中央にPOSTCARDと記入します。また、私製ハガキは、規定サイズの縦 9～12cm、横14～23.5cmの範囲内のものを使いましょう。

### ハガキを書くときのポイント

● ハガキでは、切手を貼る部分のある面が表となります。切手は、貼る位置が右上にくるようにします。

● 差出人と受取人の氏名と住所の書き方は、封筒に書く場合と同じです。

● **ハガキに書く文章の構成**

ハガキに書く文章は、一般的に下記のような構成をとります。

1. 日付（Date）
2. 敬辞（Salutation）………………はじめの挨拶
3. 本文（Body）……………………用件
4. 結辞（Complimentary Close）……結びの挨拶
5. 署名（Signature）………………差出人自筆のサイン

ハガキの結辞には、Sincerely, や Truly, などの短いもの、また親しい相手にはBest regards, もよく使われます。

## ハガキの書き方

　下の左の図のように、差出人の氏名と住所は表面の左上に、受取人の氏名と住所は中央よりやや右下に書き入れます。**AIR MAIL** や **PAR AVION** などの郵便指定は、左下に書き入れます。

## 絵ハガキの書き方

　絵ハガキでは、右半分に表書き、左半分に通信文を書き入れます。このとき、通信文を半分以上の面積に書いて投函すると、相手に配達されなかったり、追加料金が請求されたりすることもあるので注意が必要です。

　下の右の図のように、表書きを書く右半分には、中央に受取人の氏名と住所を書きます。

　差出人の氏名と住所は、通常右半分のうちの左上に書きますが、親しい相手に送ることの多い絵ハガキでは、それらが省略され、署名だけを通信文の最後に入れることが多いようです。

　右下には、**AIR MAIL**、**PAR AVION** などと郵便の指定を記入します。

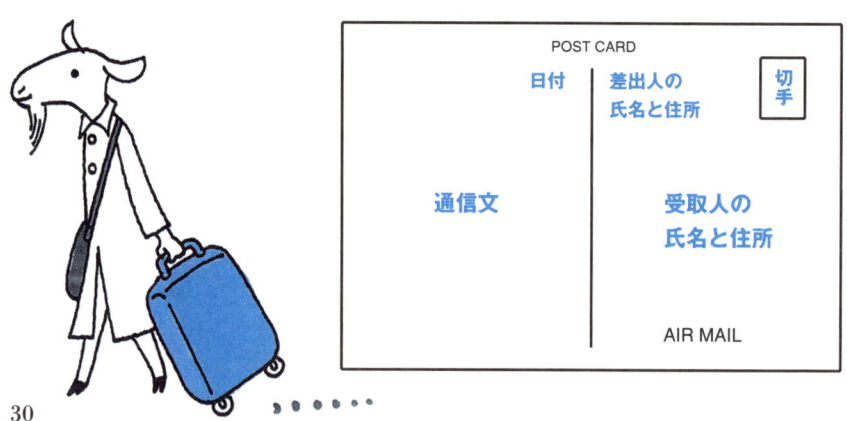

# PART 2

## すぐわかる
## Eメールの基本

基本をおさえておけば、
便利なEメールがさらに便利になります。

Eメールを書くにあたって
Eメールの基礎知識

# Eメールを書くにあたって
## Eメールの特徴と注意点

## 1 Eメールの利点

Eメール（electronic mail）には、手紙にはない利点がいくつかあります。

### 速い
相手のメールアドレスさえわかっていれば、**ほんの数秒であなたの送りたい文書やファイルを、世界中どこへでも送信できます**。たとえ相手が地球の裏側にいたとしても、ほんの一瞬にして自分のメッセージが相手に届いてしまうのです。

### 安い
たとえ海外の相手に送る場合でも、**電話料金は市内通話料しかかからない**ので、たいへん経済的です。

### 手軽に書ける
**たくさんの道具はいりません**。手紙のように、便箋や封筒、筆記用具、切手などを用意する必要もないのです。コンピューターの前に座れば、すぐに書きはじめることができるのも、Eメールの利点です。

### 英語が苦手でも大丈夫
Eメールは、わかりやすい表現で、手短かに用件を伝えるものなので、**難解な単語はあまり使われません**。また、手紙のように言いまわしにそれほど気をつかうこともなければ、電話のように即時に応答しなければならないということもありません。Eメールは、英語力に自信のない人には、うってつけの通信手段といえます。

### 自由に書ける
手紙のように、**形式や決まりごとに縛られることもありません**。むしろ、形式ばったスタイルや、堅苦しい挨拶などは省いて、できるだけ簡潔に書くことが、Eメールでは求められます。

迅速で要領のよいやりとりをするというのが、Eメール本来の目的です。

# 2 Eメールの注意点

　手軽で、自由に書けるEメールですが、いくつかの配慮しなければならない点や最低限のマナーといったものがあります。顔の見えない相手に不愉快な思いをさせないためにも、下記のことに注意してください。

## レイアウトへの配慮

　Eメールでは、読みやすいレイアウトにすることが大切です。まず、**1行があまり長くならないように**注意します。

　また、長文になってしまうときは、できるだけ段落を増やしましょう。**話題が変わったところで1行スペースをあけておく**と、さらに読みやすくなります。

## Eメールを受け取ったら

　Eメールは簡便な通信手段です。それだけに、Eメールを受け取ったら、簡単でもかまわないので、**できるだけ早く返事を出す**ということが最低限のマナーとなります。

## 送信前の文書のチェック

　Eメールは大変手軽なものですから、つい安易に使ってしまい、一人よがりな表現になっていたり、重大なスペルのミスに気づかないまま、相手に送ってしまうということがよくあります。クリックひとつで一瞬にして相手のもとに届いてしまうEメールでは、送信前のより慎重なチェックが欠かせません。通信文を書き終えたら、すぐに送信するのでなく、**あらためて読み返してみる**習慣をつけましょう。

## 送信前のアドレスのチェック

　Eメールを出すときに最も注意したいことは、相手の**メールアドレスを正確に入力する**ということです。アドレスが一文字でも間違っていれば、Eメールは相手に届きません。送信前に、アドレスをチェックする習慣をつけましょう。

# Eメールの基礎知識
## Eメールを構成する要素と書き方のポイント

## 1 ヘッダーとは

　Eメールを送信する場合、本文の他に受信者のメールアドレスや用件名など、いくつかの項目を書き込む必要があります。それらを書き込む部分は、一般に「ヘッダー（Header）」と呼ばれ、主要な通信ソフトではあらかじめ画面の頭に表示されます。

### ヘッダーに表示される項目

　主な項目には、以下のようなものがあります。

| | |
|---|---|
| TO (宛先) | 受取人（相手）のメールアドレス |
| FROM | 差出人（自分）のメールアドレス |
| CC (Cc/cc) | Carbon Copyの略<br>複数の相手にEメールを送る場合の宛先人以外のメールアドレス。ここに書き込むと、それぞれの受信者のメール・ヘッダーに同じメールを受信した人の情報が表示されます。（1対1のやりとりの場合は何も書きません。） |
| BCC (Bcc/bcc) | Blind Carbon Copy の略<br>複数の相手にEメールを送る場合の宛先人以外のメールアドレス。ここで指定された受信者の情報は、それぞれの受信者のメール・ヘッダーに表示されません。（1対1のやりとりの場合は何も書きません。） |
| Date | メールを出した日付と時刻<br>JSTとついている場合は日本標準時を表します。＋0900とついている場合はグリニッジ標準時（協定世界時）との時差を表し、グリニッジ標準時より9時間先行していることを意味します。 |
| Subject (件名) | Eメールのタイトル |
| Attachments | 添付ファイル名（添付する場合のみ記入） |

（FROMとDateは自動的に付記されるので、通常自分で書く必要はありません。）

## 2 Eメールの構成と書き方のポイント

　Eメールは通常、主に次のようなもので構成されます。

### 1．件名（Subject）

　Eメールのタイトルにあたる部分で、ヘッダーに書き入れます。簡潔で要を得たものにしましょう。

> 例）
> | | |
> |---|---|
> | Hi! ……やあ！ | Hello. ……こんにちは |
> | Greetings ……ごあいさつ | Thank you! ……ありがとう！ |
> | Congratulations!/Congs! …… おめでとう！ | |
> | Sorry! ……ごめん！ | Apology ……おわび |
> | Inquiry ……問い合わせ | Question ……質問 |
> | Favor ……お願い | Request …… 依頼 |
> | Re: 〜…… 〜について | Reply to〜 ……〜に対する返事 |
> | Urgent! …… 緊急！ | |

### 2．敬辞（Salutation）

　手紙と同様、**相手との親しさに応じた呼びかけ**にします。

　通常、**Dearの後にファーストネームとカンマ（またはコロン）をつけた形**が多く用いられます。親しい友人には、Hello Sam,（:）や Hi Judy! などのくだけた呼びかけの言葉がよいでしょう。

　また、あらたまったEメールやビジネスに関するEメールには、手紙にならって「Dear＋敬称＋姓（family name）」の形を使います。

### 3．本文（Body）

　行頭は下げず、左端から書きはじめます。段落と段落の間は、読みやすいように1行あけます。

　内容は、簡潔であることを心がけます。**単刀直入に用件に入る**ようにしましょう。一文は長くならないよう、できるだけ短く切るようにします。大切な事柄は、**箇条書き**にしてもよいでしょう。

　また、相手からのEメールに返信する場合、受け取ったメールから必要な部分だけを引用しながら、それに応えるようにしてみましょう。それによって、伝えるべき内容も整理されて、効率的で読みやすいものとなるはずです。

## 4. 結辞 (Complimentary Close)

結辞は通常の**手紙で使われるものを、そのまま使う**こともできます。また、省略してもかまいません。

常に左端から書きはじめます。

## 5. 署名 (Signature)

署名は、自分の名前やメールアドレスなどの自分の連絡先を入れます。本文と区別するために、署名の上と下の行にラインを入れて目立たせるようにする人も多いようです。

例）
```
*************************************
Shinji Watanabe
TEL : +81-3-1234-5678
FAX : +81-3-1234-5679
Email : shinji@321.ne.jp
*************************************
```

```
----------------------------------------
Shinji Watanabe
Yoyogi Electric Co.,Ltd.
e-mail:shinji@321.ne.jp
http://www.yoyogi-elc.co.jp
----------------------------------------
```

# 3 手紙の文面をEメールにアレンジする

本書で紹介する手紙の文例は、多少手を加えれば、そのままEメールとして使うことができます。以下に、アレンジの手順をまとめました。

| 1 | タイトルをつける。 | 例）Thank you! |
|---|---|---|
| 2 | 親しい友人には、敬辞をくだけたものにする。 | 例）Dear Sam, |
| 3 | 儀礼的な挨拶や手紙の主旨を説明する前置きなどは省く。 | |
| 4 | 文章はできるだけ短くする。 | |
| 5 | 堅苦しい結びの言葉を省く。 | |
| 6 | スマイリーマークや略語を取り入れる。 | 例）:-)  Thanx |

# 4 Eメールでよく使う略語

Eメールでは、数多くの省略語が氾濫しているようです。その中でも、代表的なものを以下に紹介しておきます。

★Eメールの基礎知識

| | | |
|---|---|---|
| AAMOF | As a matter of fact | 実を言うと |
| AFAIK | As far as I know | 私の知るかぎりでは |
| AKA | Also known as | 別名は |
| ASAP | As soon as possible | できるだけ早く |
| BFN | Bye for now | とりあえず、またね |
| BTW | By the way | ところで |
| CU　CYA | See you | またね |
| CUL　CUL8R | See you later | では、またあとで |
| F2F | Face to face | 面と向かって |
| FYI | For your information | 参考までに |
| GTG | Got to go | では、この辺で |
| HAND | Have a nice day | さよなら |
| HTH | Hope this helps | お役に立てばよいのですが |
| IAC | In any case | いずれにしても |
| IC | I see | なるほど／分かりました |
| IMO | In my opinion | 私の考えでは |
| IOW | In other words | すなわち／言い換えれば |
| J/K | Just kidding | 冗談だよ |
| L8R | Later | あとで |
| LOL | Laugh(ing) out loud | （笑）／大声で笑っています |
| NRN | No reply necessary | 返事はいりません |
| OTOH | On the other hand | その一方で |
| PLS | Please | どうか／どうぞ |
| TAFN | That's all for now | 今のところはこれで全部です |
| Thanx　THX<br>TNX　TX | Thanks | ありがとう |
| TIA | Thanks in advance | あらかじめお礼を言っておきます |

37

# 5 Eメールでよく使うスマイリーマーク

感情を表したいときなどに、スマイリーマーク（smileys／emoticons）がよく用いられます。英語のマークは、日本語のマークと違い右側を下にして見ます。

| | | |
|---|---|---|
| :)　　:-)　　=) | smiling | 嬉しい／笑顔 |
| :-D | laughing | 笑う |
| ;)=)　　;-)=) | big grin | 歯をむき出して笑う |
| :(　　:-( | frowning | 不機嫌 |
| :/　　:-/ | frustrated | 不満 |
| :ll　　:-ll　　>:-( | angry | 怒る |
| :<　　:-<　　=( | sad | 悲しい |
| ;-(　　:'(　　:'( | cryig | 泣く |
| :-e | disappointed | がっかりする |
| :O　　:-O | surprised | 驚く |
| :-(O)　　:-@ | screaming | 絶叫する |
| 8-) | admired | 感心する |
| :-I | indifferent | 無関心 |
| :x　　:-x | mute | 黙秘 |
| :$　　:-$ | mouth wired shut | お口にチャック |
| :>　　:-> | sarcastic | 皮肉 |
| X-( | give up | お手上げ |
| \|-I | asleep | 眠っている |
| ;)　　;-) | wink | ウインク |
| :-x)　　:*↑ | kiss | キス |

（日本で使われる(^_^)や(^o^)のようなものは、海外では通じないので注意しましょう。）

# PART 3

## すぐ書いて、すぐ出せる
## 日常の手紙

近況報告はもちろん、お祝い、お礼など
日常のさまざまなケースに合わせた文例を紹介します。

- 近況報告の手紙
- お祝いの手紙
- お礼の手紙
- 通知の手紙
- お見舞いの手紙
- 励ましの手紙
- 招待・案内の手紙
- 依頼の手紙
- 断りの手紙
- お詫びの手紙
- お悔やみの手紙

# 近況報告の手紙（１）
★学生の場合

## 例文

Dear Williams,

**1** How have you been?① I was very glad to receive your letter today.

**2** ①I have just finished the term exam and the long-awaited summer vacation has finally come. ②We can enjoy some 40 days vacation from now. During the holidays I am going to devote myself to practicing my basketball. Though the training from morning till night is so hard, I intend to carry it out because our team aims to win the championship at the national meeting this fall. I really envy you who can easily watch every NBL game. ③Did you recently watch some NBL games?

**3** ①Please be sure to watch some NBL games together with me when I visit the U.S. someday. I am looking forward to that day. I heard that it is too hot in San Francisco this year. ②Please take care of your health. Well, that is all for today.

Your friend,
*Shinji Asayama*

### 覚えておきたい表現

How have you been?＝いかがお過ごしですか。　　term exam＝期末試験
long-awaited＝待ちに待った　　some 40 days＝およそ40日
be going to ～＝～するつもりである
devote oneself to～＝～に熱中する、～に励む
from morning till night＝朝から晩まで　　intend to ～＝～するつもりである
carry out～＝～をやり遂げる　　aim to～＝～を目ざす、～をねらう
win the championship＝優勝する　　national meeting＝全国大会
be sure to～＝きっと～する　　someday＝いつか
take care of ～＝～に気をつける　　that is all for today＝今日はこの辺で

## さしかえ文例

### 1-① 返事をもらったことへのお礼の気持ちを伝える

さっそくお返事をくださり、ありがとうございます。

Thank you very much for your prompt answer.

**point!** 近況報告の手紙が、一方的で、退屈な内容になってはいけません。手紙のやりとりをはじめたならできるだけ早く、相手との共通の話題を見つけるようにしましょう。

## ★近況報告の手紙(1) 学生の場合

**対訳**

親愛なるウィリアムス

1　いかがお過ごしですか。今日、あなたからの手紙を大変うれしく受け取りました。

2　私は今、期末試験を終え、待ちに待った夏休みをようやく迎えたところです。夏休みは、およそ40日ほどあります。その間は、大好きなバスケットボールの練習に励むつもりです。朝から晩までの練習はきついですが、秋の全国大会での優勝をめざしてがんばります。ＮＢＬの試合をいつも身近に観られるあなたが、うらやましいです。あなたは最近、ＮＢＬの試合を観に行きましたか。

3　いつか私がアメリカへ行ったときには、いっしょにＮＢＬの試合を観戦しましょう。その日を心待ちにしています。あなたのいるサンフランシスコは、今年は猛暑ときいています。どうぞ体に気をつけて。では、今日はこのあたりで。

敬具
朝山慎二

---

あなたからの手紙が、ポストに入っているのを見つけて、どんなにうれしかったことでしょう。

It was so nice to find your letter in my mailbox.

---

あなたのお手紙を楽しく拝見いたしました。

I enjoyed reading your letter very much.

### 2-① 近況を伝える

ここ数日、試験勉強で寝不足の日が続いていました。

For the last few days, I always wanted sleep on account of preparation for the exam.

先週、学校の友だちとキャンプに行っ

I went camping with my classmates

| | |
|---|---|
| てきました。 | last week. |
| このところ、毎朝6時に起きて、ジョギングをするのが日課となっています。 | These days I make a point of getting up at six and jogging every morning. |
| 最近、コンビニでアルバイトを始めました。 | Recently I started working part-time at a convenience store. |

## 2-② 学校生活について伝える

| | |
|---|---|
| 私の高校では制服を着ることが義務づけられています。 | We are required to wear school uniform in our high school. |
| 通学には自転車で30分かかります。 | It takes me 30 minutes by bicycle to go to school. |
| 毎年夏休みに、私の入っているテニス部では合宿があります。 | During every summer vacation our tennis club trains at a camp. |
| 私たちの学校では年5回の定期試験があります。 | The regular exams are held five times a year in our school. |

### 学校行事をあらわす言葉

| | | | |
|---|---|---|---|
| 入学式 | entrance ceremony | マラソン | marathon race meeting |
| 卒業式 | commencement(米), graduation ceremony(英) | 中間試験 | midterm exam |
| 文化祭 | school festival(college festival) | 期末試験 | term exam |
| 修学旅行 | school excursion | 進路相談 | course guidance |
| 体育祭 | field day | 受験 | entrance examination |

## 授業科目をあらわす言葉

| | | | |
|---|---|---|---|
| 国語 | Japanese language | 社会学 | sociology |
| 数学 | mathematics | 法学 | law |
| 物理 | physics | 化学 | chemistry |
| 生物 | biology | 生物学 | biology |
| 化学 | chemistry | 物理学 | physics |
| 地理 | geography | 天文学 | astronomy |
| 日本史 | Japanese history | 建築学 | architecture |
| 世界史 | world history | 哲学 | philosophy |
| 経済学 | economics | 心理学 | psychology |
| 経営学 | business management | 医学 | medical science |
| 政治学 | political science | | |

★近況報告の手紙(1) 学生の場合

### 2-③ 相手の近況などをたずねる

| | |
|---|---|
| あなたはこの夏をどのように過ごしていますか。 | How are you enjoying this summer? |
| カナダ旅行はどうでしたか。 | How was your trip to Canada? |
| 新しく買った車の調子はどうですか。 | How is the condition of your new car? |

### 3-① 今後の希望を伝える

| | |
|---|---|
| いつか必ずロンドンに行きたいと思っています。 | I hope to visit London someday at any cost. |
| あなたが日本に遊びに来てくれるといいのですが。 | I wish you to come to Japan and see me sometime. |

### 3-② 近況報告の手紙の結びの言葉

| | |
|---|---|
| 夏休みを楽しく過ごしてください。 | Please enjoy yourself during the summer vacation. |
| 風邪など引かないように気をつけてください。 | Please take care of yourself and do not catch a cold. |

# 近況報告の手紙（2）
## ★社会人の場合

**例文**

Dear Ted,

1　How are you, Ted? ① How are you getting along these days? ② I am very sorry to make you wait so long for this letter. I am doing very well.

2　① I had been very busy with my work and came back to my apartment just to sleep for the last few weeks. ② I had to make a diagram of annual sales for the last year. I had been working till late every day. However, I feel my work is worth doing and I like it very much.

3　As the work has finally reached an end, I have enough time to write to you now. ① I am planning to go to hot springs next weekend to refresh myself. And you, how is your business going? ② Looking forward to getting your next letter.

With kind regards,
*Rina Adachi*

**覚えておきたい表現**

How are you?＝お元気ですか。　　get along＝暮らす
these days＝最近　　I am sorry to～＝～してごめんなさい
make～ wait＝～を待たせる　　be busy＝忙しい
for the last few weeks＝ここ数週間　　have to ～＝～しなければならない
make a diagram＝図表を作成する　　annual sales＝年間売上
till late＝夜遅くまで　　worth doing＝やりがいがある
have enough time to～＝～する時間がある
be planning to～＝～するつもりである　　go to hot springs＝温泉に行く

## さしかえ文例

### 1 -① 相手の安否をうかがう

| | |
|---|---|
| その後、お変わりございませんか。 | Have you been well? |
| | How are you doing? |
| お風邪など召されてはいませんか。 | I am afraid you might have caught a cold. |

> **point!** 相手から手紙を受け取ったら、なるべく早く返事を書きましょう。仕事が忙しかったりなどして、返事が遅くなってしまったなら、きちんとその理由を説明して、お詫びしましょう。

## ★近況報告の手紙(2) 社会人の場合

**対訳**

親愛なるテッド

1　お元気ですか。①最近の調子はどうですか。②長い間、手紙を出さずにいて、すみませんでした。私は元気に暮らしています。

2　①ここのところずっと、仕事に追われて、アパートには眠るためだけに帰ってくるような状態が続いていました。②この1年間の販売実績をグラフにしなければなりませんでした。毎日、夜遅くまで残業をしました。しかし、私は今の仕事をやりがいがあると思っており、気に入っています。

3　やっと今は、一段落ついて、あなたに手紙を書くのに十分な時間もできました。①週末には温泉にでも出かけて、リフレッシュしようかと思っています。あなたのほうは、最近の仕事の様子はいかがですか。②また、お便りをお待ちしております。

敬具
安達里奈

### 1-② ご無沙汰のお詫びをする

| | |
|---|---|
| 返事をお待たせしてしまい、すみませんでした。 | I am sorry that my reply is late.<br>Sorry to have taken so long to reply. |
| 長くご無沙汰してしまい、お詫び申し上げます。 | I must apologize to you for my long silence.<br>Excuse me for not writing to you for such a long time. |
| もっと早くお手紙を差し上げるべきでした。 | I should have written to you sooner. |

### 2-① 近況を伝える

| | |
|---|---|
| 仕事で1ヵ月の出張をしておりました。 | I was away from home for a month |

45

| | because of a business trip. |
|---|---|
| このところ、仕事が忙しく寝る暇もないほどでした。 | I was so busy working that I didn't have enough time to sleep. |
| たくさんの仕事が重なってしまい、手紙を書く時間がありませんでした。 | With a mountain of work to do I had no time to write a letter to you. |
| 最近は、わりとのんびりと仕事をしています。 | Recently I am making better progress with my work than usual. |
| 実は、けがをして、3週間ほど入院していました。 | To tell the truth I had been in the hospital for 3 weeks due to an injury. |

## 2-② より詳しく説明する

| | |
|---|---|
| 私の会社では、今が1年のうちでいちばん忙しい時期です。 | Now is the busiest business period of the year in my company. |
| 雑誌の編集をしているので、勤務時間は不規則です。 | I am an editor for magazines working irregular hours. |
| 毎週アンケートの集計に忙殺されています。 | I am very busy totaling questionnaires every week. |
| 膨大な書類の処理に追われる毎日です。 | I am pressed filing a large volume of papers every day. |
| 夜11時までに帰宅できる日は、めったにないといった忙しさです。 | I am so busy that it is hard to get home before eleven at night. |
| 朝の通勤ラッシュだけで疲れきってしまいます。 | Going to the office in a full train in the morning tires me out. |

## 会社をあらわす言葉

| 通勤 | go to the office | 年俸制 | annual salary system |
|---|---|---|---|
| 残業 | overtime work | 上司 | superior |
| 雇用 | employment | 社長 | president |
| 解雇 | dismissal | 部長 | director |
| 昇進 | promotion | 課長 | manager |
| 左遷 | demotion | 主任 | chief |
| 転職 | change of occupation | 同僚 | fellow worker |
| 資格 | qualification | 部下 | subordinate |
| 給料 | salary | 有給休暇 | paid holiday |

★近況報告の手紙(2) 社会人の場合

### 3-① 今後の予定について伝える

| 明日はたまった洗濯物を洗濯しようと思います。 | I am going to finish a heap of washing tomorrow. |
|---|---|
| 次の日曜日は、のんびりと寝て過ごすつもりです。 | I am planning to stay in my bed all day long and enjoy my free time next Sunday. |
| この夏、長い休暇がとれれば、ヨーロッパ旅行をするつもりです。 | I will travel in Europe if I can take a long vacation in this summer. |
| 仕事の合間に、自動車の運転を習おうと思っています。 | I intend to learn how to drive a car in my spare time. |

### 3-② 近況報告の手紙の結びの言葉

| 時間があるときで結構ですので、またお手紙を書いてください。 | Please write to me at your convenience. |
|---|---|
| あなたの近況もお知らせください。 | Please let me know how you are getting along. |
| この次はもっとくわしく書くつもりです。 | Next time I will write about it in detail. |

# お祝いの手紙（1）
## ★卒業祝い

### 例文

Dear Peter,

1　①I congratulate you on your graduation. ②I was very happy hearing of your graduation from Harvard with honors. I am sure your parents must be very glad about it.

2　①You have been absorbed in the study of economics during these 4 years. And now you gained confidence in yourself for the fruit of your efforts. ②I am sure that the knowledge and experience gained at the University will become indispensable for your future life.

3　①I continue to support you at all times. ②My best wishes to you for a bright and fruitful future.

Yours faithfully,
*Keiko Asaoka*

### 覚えておきたい表現

congratulate〜 on〜＝〜おめでとうございます。
graduation＝卒業　　as if〜＝まるで〜のように　　with honors＝優秀な成績で
must be〜＝〜にちがいない
be absorbed in〜＝〜に熱中する、〜に専心する
gain confidence in oneself＝自信を得る
the fruit of one's efforts＝〜の努力のたまもの
knowledge＝知識　　experience＝経験
indispensable＝欠くことのできない、無くてはならない
at all times＝いつでも　　fruitful＝実り多い

## さしかえ文例

### 1-① 卒業を祝う言葉

| | |
|---|---|
| 卒業、おめでとう！ | Congratulations on your graduation! |
| 高校卒業おめでとうございます。 | Congratulations on your graduation from high school. |

**point!** お祝いの手紙は、送る側の心のこもった気持ちを伝えることが大切です。親しい相手の場合は、話し言葉に近い表現で、ストレートにお祝いを述べるのも喜ばれるでしょう。

## ★お祝いの手紙(1) 卒業祝い

**対訳**

親愛なるピーター様

1　①このたびは、ご卒業おめでとうございます。②あなたがハーハード大学を大変優秀な成績でご卒業されたと聞いて、私もうれしく思いました。ご両親も、さぞお喜びのことでしょう。

2　①この4年間、あなたは経済学の勉強に一生懸命打ち込んでこられました。その努力がむくわれ、大きな自信をもたれたことと思います。②大学時代にあなたが身につけられた知識や経験は、あなたとって、将来必ずかけがえのない財産になることでしょう。

3　①私はこれからもずっとあなたを応援しています。②あなたの人生が、実り多きものとなりますようお祈りします。

敬具
朝丘恵子

---

| | |
|---|---|
| 大学卒業を心からお祝い申し上げます。 | Please accept my hearty congratulations on your graduation from University. |
| このほどカリフォルニア大学を見事ご卒業されたとのことで、おめでとうございます。 | Congratulations on your perfect graduation from University of California. |

### 1-② ともに喜ぶ気持ちを伝える

| | |
|---|---|
| この朗報を聞いて、私も大変喜んでいます。 | I am very glad to hear such welcome news. |
| 私としても、こんなにうれしいことはありません。 | As for me nothing gives me so much pleasure. |
| すばらしいニュースをありがとう。 | Thank you for your exciting news. |

## 2 - ① 相手の努力をねぎらう

| | |
|---|---|
| 勉強はさぞかし大変だったことと思います。 | I dare say you had studied very hard. |
| いつも熱心に勉強されているご様子でしたから、優秀な成績でのご卒業は当然のことでしょう。 | It is natural that you graduated with honors because you seemed to study hard all the time. |
| 4年間にわたる、猛勉強の後の達成感はひとしおでしょう。 | I think you are feeling really satisfied after 4 years' hard work. |

## 2 - ② 相手を励ます

| | |
|---|---|
| 君の輝かしい未来を確信しています。 | I am convinced of your brilliant future. |
| あなたのすばらしい才能を生かして、大きな成功をつかんでくださいね。 | I wish you every success by making the best of your wonderful ability. |
| あなたなら、将来、どんな困難があっても乗り越えていけるでしょう。 | I am sure you can overcome any hardships to come. |

## 3 - ① 自分も応援している気持ちを伝える

| | |
|---|---|
| いつも私があなたを応援していることを忘れないでください。 | Please do not forget I am always supporting you. |
| これからも遠くから、あなたに声援を送ります。 | I continue to cheer you from a distance. |

## 3 - ② 卒業祝いの手紙の結びの言葉

| | |
|---|---|
| あなたの将来の成功を心からお祈り申し上げます。 | My best wishes for your future success. |

| | |
|---|---|
| 今後のあなたのご活躍をお祈りしております。 | I hope you will succeed. |

## 入学祝い

| | |
|---|---|
| 大学入学ほんとうにおめでとうございます。 | I heartily congratulate you on your entrance to the university. |
| あなたは努力家だから、きっと目標の大学に進学できると信じていました。 | As you are a hard worker I was confident that you could get into the university of your first choice. |
| あの難関を突破したなんて！ | How wonderful you could pass the difficult entrance examination! |
| オクスフォード大学に合格したと聞き、喜んでいます。 | I am so happy for you hearing your success in the examination to Oxford. |
| 大学院へ進まれたとのこと、おめでとうございます。 | Congratulations on your proceeding to graduate school. |
| あなたからの朗報を何度も読みかえしています。 | I read your good news over and over again. |
| シドニー大学へのご入学、おめでとう。とうとう夢がかないましたね。 | I congratulate you on your entrance to Sydney University. Your dream has finally come true. |
| 別便で、ささやかなプレゼントをお送りしました。 | I sent a small present to you by separate mail. |

## 就職祝い

| | |
|---|---|
| ご就職ほんとうにおめでとうございます。 | I sincerely congratulate you on your getting a new job. |
| いよいよ君も社会人ですね、がんばってください！ | The time has come for you to start as a member of society. Please do your best! |
| 新しいお仕事で、思う存分実力を発揮してください。 | I wish you to show all of your real abilities in your new job. |
| 今後ますますのご成功とご発展をお祈りいたします。 | My best wishes for your further success and prosperity. |
| デザイン事務所へご就職が決まったとのこと、おめでとうございます。 | Congratulations! I heard you got a job at a design office. |
| あなたは間違いなく、金融業界で成功するでしょう。 | I am sure you will succeed in the financial circles. |
| あなたならきっと、すぐれたエンジニアになれると確信します。 | I am convinced that you will become an excellent engineer without fail. |
| あなたの第一歩を応援します。 | I will cheer you in your new step. |

**アドバイス**

## 各国の学校制度

### アメリカ

アメリカの学校制度は日本のように全国一律ではなく、各州の裁量に任されています。初等・中等教育も州や学校によって異なり、6-3-3制のほかに、8-4制、6-6制、4-4-4制などがあり、このため学年も1年生（**1st grade**）から12年生（**12th grade**）まで数字で呼ぶのが一般的です。義務教育の期間も8年〜12年とまちまちですが、6歳〜14歳の9年間と定める州が多いようです。

高等教育機関は総合大学（**university**）と単科大学（**college**）に大別されますが、近年ではcollegeもuniversityと名称を変えることが多く、この区別は曖昧です。なおアメリカには国立大学はなく、州立大学と私立大学のみです。

### イギリス

イギリスには、イングランド・スコットランド・ウェールズ・アイルランドと4つの独立した国として発展してきた歴史があり、教育制度にもそれぞれに様々な違いが見られます。

それでも義務教育は全国一律に5歳〜16歳と定められています。

初等・中等教育では、通常男子と女子は別のコースを進みます。男子は13歳から、女子は11歳からセカンダリースクールに進学します。男女とも18歳まで学ぶセカンダリースクールのうち私立校をシニアスクールと呼び、中でも名門の私立校はパブリックスクールと呼ばれます。男女共学が進んではいますが、シニアスクールでは別学が圧倒的に多いようです。

イギリスには私立大学はなく、全国88の大学はすべて国立大学です。

イギリスでは**college**にいろいろな意味があるので注意しましょう。歴史・運営方法などの異なる**college**が集まって大学**university**を形成しています。

### オーストラリア

オーストラリアの教育制度も、アメリカと同様に、州によって異なりますが、概ね、6歳から6年間の初等教育（小学校）の後、6年間の中等教育（中学・高校）に進みます。義務教育は一部の例外を除けば9年間です。

オーストラリアの高等教育機関（**Tertiary Education**）は、大学（**university**）と技術・継続教育カレッジ（**Technical And Education College=TAFE**）の2種類に大別できます。大学が基本的にアカデミック志向の教育機関であるのに対して、TAFEは資格取得のための教育訓練機関。日本の専門学校や、アメリカのコミュニティカレッジ的な色彩が強いようです。

日本の大学は入学試験で厳しく選別されますが、それに比べると欧米の大学に入学するのは比較的簡単。しかし実際に単位を取得するにはハードな勉学が必要なので卒業するのはかなり難しいと考えましょう。

★お祝いの手紙(1) 就職祝い

# お祝いの手紙（2）
★婚約・結婚祝い

## 例文

Dear Catherine,

1  My best wishes to you!① Your love has finally borne fruit after long company of 5 years.② Reading your letters I understand very well that John is the best partner for you.

2  You will be faced with many hardships during your long life. However①, you and John will be able to double the happiness and reduce by half the sadness or suffering.② I am sure you can make a happy home.

3  Please let me know about your married life after the honeymoon.① I wish both of you many years of happiness.②

　　　　　　　　　　　　　　　　　　　Most sincerely,
　　　　　　　　　　　　　　　　　　　*Mutsumi Teruya*

### 覚えておきたい表現

bear fruit＝実を結ぶ　　company＝交際
be faced with〜＝〜に直面する　　hardships＝困難　　double＝二倍にする
reduce by half＝半減する　　sadness＝悲しみ　　suffering＝苦しみ
happy home＝幸せな家庭　　married life＝結婚生活
honeymoon＝新婚旅行　　many years of happiness＝末永い幸福

## さしかえ文例

### 1-① 婚約・結婚を祝う言葉

| | |
|---|---|
| ご婚約おめでとう！ | Best wishes for your marriage! |
| このたびは、ご婚約おめでとうございます。 | Congratulations on your engagement! |
| あなたがシンシアとご婚約したと聞いて、とてもうれしく思っています。 | I am very glad to hear that you got engaged to Sincia. |

54

**point!** お祝いの手紙は、知らせが届いたらすぐに出しましょう。タイミングを逸すると、気の抜けたものとなってしまいかねません。祝福の気持ちを素直に表現するようにしましょう。

## ★お祝いの手紙(2) 婚約・結婚祝い

**対訳**

キャサリンさん

1　ご結婚おめでとうございます。5年間もの長い交際で育んできたお二人の愛が、とうとう実を結んだのですね。あなたにとって、ジョンさんが最高のパートナーであることは、あなたからいただいたこれまでの手紙で、よくわかっています。

2　これから、長い人生にはいろいろな困難も待っていることでしょう。しかし、あなたとジョンさんの二人でなら、喜びは2倍に、苦しみや悲しみは半分にすることができるでしょう。きっと、幸せな家庭を築くことができると思います。

3　ハネムーンから帰って落ちついたなら、また、新しい生活のご様子を知らせてくださいね。お二人の末永い幸福を心よりお祈りいたします。

敬具
照屋睦実

| | |
|---|---|
| ご結婚おめでとう！　お二人に心からお祝いの言葉を贈ります。 | Best wishes to both of you! I offer you my sincere congratulations. |
| このたびは、ご結婚おめでとうございます。 | Congratulations on your wedding. |
| ご結婚の知らせを聞き、たいへん喜んでおります。 | I am so happy to hear about your wedding. |
| ご結婚を心からお祝い申し上げます。 | Please accept my sincere congratulations on your marriage. |
| お二人の新しい船出を心よりお祝い申し上げます。 | I wish both of you good luck on your departure. |

## 1-② 二人のきずなをたたえる

| | |
|---|---|
| お二人はとてもお似合いのようです。 | You two seem a perfect match. |
| あなたとデビッドほどお似合いのカップルはありませんね。 | You and David are the best-matched couple. |
| あなたを奥さんにすることができる彼は、もっとも幸運な男性だと思います。 | He must be the luckiest man in the world to take you as his wife. |
| あなたの手紙を読むと、あなたがどんなに彼のことを愛しているかがよくわかります。 | Reading your letters I really understand how much you love him. |

## 2-① 二人を励ます

| | |
|---|---|
| あなたたち二人が力を合わせれば、大きな幸せを得られるでしょう。 | You can gain a lot of happiness if you put your shoulders together. |
| 二人で助け合えば、どんな困難も乗り越えていけるはずです。 | I am sure you can get over every difficulty if you support each other. |
| よきパートナーを得て、お仕事も、家庭生活も、より一層充実したものとなるでしょう。 | With a good partner you can enrich your family life as well as your business. |

## 2-② 将来がすばらしいものであることを強調する

| | |
|---|---|
| あなたたちお二人なら、楽しく明るいご家庭を築かれることでしょう。 | You are sure to make a joyful and happy home. |
| きっと幸せな結婚生活を送ることができるでしょう。 | You will certainly lead a happy married life. |

## 3-① 質問などがあれば伝える

| | |
|---|---|
| 結婚式の日取りが決まったら、ぜひ教えてくださいね。 | Please inform me of your wedding day as soon as it is fixed. |
| 何かお祝いのしるしに贈りたいのですが、ほしい物はありませんか。 | As I would like to give you something for a wedding gift, please let me know what you need. |
| 結婚式はどうでしたか。そのうち写真を送ってくださいね。 | How did you do on your wedding? Please send me some pictures soon. |

## 3-② 婚約・結婚を祝う手紙の結びの言葉

| | |
|---|---|
| あなたたちお二人に、幸多からんことをお祈り申し上げます。 | My best wishes for your further happiness. |
| お二人の末永いご多幸をお祈り申し上げます。 | My best wishes for a long and beautiful life together. |
| お二人の未来が楽しく幸福なものであるよう願っております。 | My best wishes to you both for excitement and happiness in your future. |
| あなたがたのご結婚が永遠の幸福に恵まれますように。 | May your marriage be blessed with everlasting happiness. |
| あなたがたの幸福をいつもお祈りしています。 | I always wish for your happiness. |
| どうぞお互いへの思いやりを大切に、愛を育んでいってください。 | I hope you will increase your married love by means of mutual consideration. |

★お祝いの手紙(2) 婚約・結婚祝い

## 出産祝い

| | |
|---|---|
| お子さまのご誕生、おめでとうございます。 | Congratulations on your childbirth. |
| このたびは女児ご出産とのことで、心よりお喜び申し上げます。 | Let me offer you my congratulations on the birth of your baby girl. |
| あなたがついにママになったと聞いて、とても喜んでいます。 | I am very happy to hear that you finally became a mother of a child. |
| あなたが、かわいい赤ちゃんを抱いて幸せそうにしている様子が目に浮かびます。 | I can easily imagine your happy life holding your lovely baby in your arms. |
| かわいらしい女の赤ちゃんが産まれたと聞いて、とても喜んでいます。 | I am happy to know that you just had a beautiful baby girl. |
| 元気な男の赤ちゃんが産まれたという、すばらしいニュースをありがとう。 | Thank you for your wonderful news that you gave birth to a healthy baby boy. |
| お子さんが産まれたとのこと。あまりにうれしいお知らせに胸が躍りました。 | I heard you gave birth to a child. My heart leaped when I got the joyful news. |
| あなたに女の子が産まれたと聞いて、非常にうれしく思っております。 | I am very happy to hear that you gave birth to a baby girl. |
| ご家族がまた一人増えて、いよいよにぎやかなご家庭になりますね。 | As one more member joined your family I am sure your home will become more and more cheerful. |
| 赤ちゃんは、お二人のどちらに似てい | Which of you closely resemble the |

★お祝いの手紙(2) 出産祝い

| | |
|---|---|
| るのでしょうか。 | baby? |
| お母さんになったご感想はいかがですか。 | What is your impression of being a mother? |
| 赤ちゃんの名前が決まったら、ぜひ教えてくださいね。 | Please be sure to inform me of your baby's name. |
| きっとあなたに似て、かわいい赤ちゃんでしょうね。 | I am sure your baby must be so lovely, just like you. |
| 今度、ぜひ赤ちゃんといっしょに写した写真を送ってください。 | Please send me your pictures taken with your baby soon. |
| 赤ちゃんの写真を見るのが待ち遠しいです。 | I am looking forward to seeing some pictures of your baby. |
| ご家族の皆様とお子さまのご多幸を心よりお祈りいたしております。 | I wish your family members including your newborn baby great happiness. |
| お子さまのすこやかな成長を祈っております。 | I hope your child will grow up in good health. |

### アドバイス

**女性に対するお祝いの言葉**

Congratulations!という表現は、常に複数形で使います。また本来努力して勝ち得たことに対するお祝いの言葉として用いられることから、結婚や婚約の場合には男性にのみ用いて、女性に対しては無神経で失礼な表現として用いられません。女性に対してはMy best wishes to you! Best of luck! I hope you will be very happy.などの前向きな表現を用いましょう。

# お祝いの手紙（３）
## ★誕生日祝い

### 例文

Dear Sean,

1. ①Happy birthday to you, Sean! ②I wish I would say my words of celebration to your face.

2. You have already turned 25. ①Time and tide wait for no man. We, you and me, have become old too soon. ②While you where staying in Japan we were still junior high school boys. Do you remember that we had fun together with all our friends at your 15th birthday party? I remember it as if it happened yesterday.

3. ①I suppose that you will enjoy a big party for your birthday this year because you have a great many friends. ②I celebrate your birthday from a distance.

With warm wishes,
*Yoichi Udo*

### 覚えておきたい表現

I wish I would～＝（実際には不可能なことを）～できればよかった、～したかった
say～ to one's face＝～を～に面と向かって言う　already＝もう、すでに
Time and tide wait for no man.＝「歳月人を待たず」（ことわざの慣用句）
become old＝歳をとる　too soon＝いつのまにか　while～＝～する間に
still＝まだ　remember＝憶えている　together with～＝～と一緒に
happen＝（出来事などが）起こる　a great many＝非常に多くの
from a distance＝遠くから

## さしかえ文例

### 1-① 誕生日を祝う言葉

23歳のお誕生日、おめでとうございます。　Happy 23rd birthday!

18回目のお誕生日、本当におめでとう。　Many happy returns of your 18th birthday!

> **point!** 誕生日のお祝いの手紙は、受け取るほうも送るほうも心温まるものです。心のこもった手書きのお祝い状で、相手とのより親密な関係を築くことができるでしょう。

★お祝いの手紙(3) 誕生日祝い

**対訳**

ショーン様

1　①お誕生日おめでとう！　②本来なら、あなたに直接会ってお祝いを言いたかったところです。

2　あなたも、もう25歳なのですね。①時間は人を待ちません。お互いに、いつのまにか歳をとってしまいました。②あなたが日本にいた頃は、私たちはまだ中学生でした。あなたの15歳の誕生パーティーに、友だちみんなで大騒ぎしたことを憶えていますか？　それがまるで昨日のことのようです。

3　①友人の多いあなたのことですから、今度の誕生日にもやはり、盛大なパーティーを開いて、楽しく過ごされていることと思います。②遠く離れていますが、私も心からあなたをお祝いしています。

敬具
宇藤洋一

---

| 来月の4日がお誕生日とのこと、おめでとうございます。 | I heard the fourth of next month is your birthday. Happy birthday to you! |
|---|---|
| あなたのお誕生日を心からお祝い申し上げます。 | With my best wishes to you for your birthday! |

### 1-② お祝いの気持ちを伝える

| あなたのお誕生日、忘れたりなどしていませんよ。 | I have never forgotten your birthday. |
|---|---|
| 今年もあなたの誕生日を、そちらで一緒に祝うことができないのが残念です。 | I am sorry I cannot celebrate your birthday this year together with you. |

| | |
|---|---|
| 私が鳥なら、すぐに飛んでいってお祝いの歌を耳もとで歌うのに。 | If I were a bird I could fly to see you at once and sing a happy birthday song in your ear. |
| 別便で、ささやかなプレゼントをお送りしました。 | I sent a small present to you by separate mail. |

## 2 - ① 自分の感慨を述べる

| | |
|---|---|
| 月日が経つのは、本当に早いものですね。 | How quickly time flies. |
| あなたがもう19歳だなんて驚きました。 | I was surprised to hear you have turned 19. |
| 歳を重ねるごとに、月日の流れが早くなるように感じます。 | As I grow older, I feel the time passes more and more quickly. |
| あなたは水瓶座の生まれで、魚座の私と相性がぴったりです。 | As an Aquarius you are suited to me, a Pisces. |

## 2 - ② 相手との思い出を語る

| | |
|---|---|
| 去年は、私も、あなたの誕生日をみんなと一緒に祝いました。 | Last year I celebrated your birthday with others. |
| 17回目のあなたの誕生日には、みんなで遊園地に行きましたね。 | On your 17th birthday we spent a pleasant time at an amusement park. |
| 私の20歳の誕生日には、君はすばらしいプレゼントで祝ってくれました。 | You celebrated my 20th birthday giving me a wonderful gift. |

## 3-① 相手をたたえる

| | |
|---|---|
| ご家族や友人のみなさんに囲まれて、きっとすばらしい誕生日を祝われたことでしょう。 | I am sure you spent a wonderful birthday together with your family and all of your friends. |
| 同年齢の日本人とくらべて、あなたはとてもしっかりしているように思えます。 | I find you more dependable than most Japanese of your age. |
| 歳を重ねるごとに、あなたは魅力的になっていくように見えます。 | You look more and more charming as you get older every year. |
| あなたはまるでワインのように、歳を増すごとに深みを帯びていくのでしょう。 | I am certain you will gain more and more profound character as you grow older just like wine. |

## 3-② 誕生日を祝う手紙の結びの言葉

| | |
|---|---|
| どうぞすてきな誕生日をお迎えください。 | Please enjoy a wonderful birthday. |
| あなたの将来に幸多かれとお祈り申し上げます。 | I wish you great happiness in the future. |
| 日本にも、あなたのファンがいることをお忘れなく。 | Please remember you have many fans even in Japan. |
| 遠い日本から、あなたのお誕生日をお祝いいたします。 | I heartily congratulate you on your birthday from a distant country. |
| あなたの来年の誕生日には、私もそちらに行ってお祝いできたら、と思います。 | I dream about visiting and celebrating with you on your next birthday. |

★お祝いの手紙(3) 誕生日祝い

| | |
|---|---|
| いつまでもお元気で、さらなるお祝いを重ねていかれますようお祈りいたします。 | I wish you good health and many more birthdays to come. |

## 年齢をあらわす言葉

| | | | |
|---|---|---|---|
| 12歳の誕生日 | twelfth birthday | 13歳の | thirteenth |
| 14歳の | fourteenth | 15歳の | fifteenth |
| 16歳の | sixteenth | 17歳の | seventeenth |
| 18歳の | eighteenth | 19歳の | nineteenth |
| 20歳の | twentieth | 21歳の | twenty-first |
| 22歳の | twenty-second | 23歳の | twenty-third |
| 30歳の | thirtieth | 31歳の | thirty-first |
| 32歳の | thirty-second | 33歳の | thirty-third |
| 40歳の | fortieth | 50歳の | fiftieth |
| 60歳の | sixtieth | 70歳の | seventieth |
| 80歳の | eightieth | 90歳の | ninetieth |

○1歳の…(　)-first　○2歳の…(　)-second　○3歳の…(　)-third
○4～○9歳の…数字+序数詞　〔例〕45歳…forty-fifth

### アドバイス

### 各国の成人年齢と飲酒について

日本では「お酒は20歳から」と決められているように、20歳になると成人と認められ、飲酒も許され選挙権も得ますが、この年齢は各国まちまちです。

**アメリカ**
アメリカでは、以前は18歳でしたが、現在は21歳で成人と認められます。したがって21歳の誕生日を特別な日として祝うことがあるようです。

**イギリス**
イギリスでは地域によって18歳または21歳で成人として認められます。カナダでは19歳（一部の州では18歳）から飲酒も許されます。

法定飲酒年齢は各国まちまちで、イギリス、ドイツ、フランスなどではビールとワインは16歳から、蒸留酒は18歳から。オーストラリアやブラジルでは18歳から、イタリアやスペインでは何と16歳から、ポルトガルのように飲酒に関する年齢規定が一切ないといった国もあります。
ちなみに諸外国では法定飲酒年齢と選挙権取得年齢は必ずしも一致せず、アメリカ、イギリス、オーストラリアなどでは18歳で選挙権が得られます。

## 結婚記念日のお祝い

| | |
|---|---|
| 結婚1周年、おめでとうございます。 | Congratulations on your first wedding anniversary. |
| 今度、めでたく金婚式を迎えられるとのこと、心よりお喜び申し上げます。 | I congratulate you on your golden wedding anniversary. |
| いつまでも仲のよいご夫婦でいてください。 | Please keep on being a harmonious couple forever. |
| 私たち夫婦も、仲のよいお二人をお手本にしたいと思います。 | We, my wife and I, would like to follow your example for a devoted couple. |
| お二人が、これからも幸せに満ちた人生を送られるよう祈っております。 | I wish you and your wife to lead a happy life full of luck. |

## 受賞祝い

| | |
|---|---|
| ○○賞受賞、まことにおめでとうございます。 | Heartiest congratulations on receiving the ~ award! |
| ○○賞受賞、心よりお祝い申し上げます。 | Please accept my sincere congratulations on winning the ~ award. |
| あなたがいつかこのような名誉ある賞をとると信じていました。 | I had expected you would win such an honorable prize. |
| あなたのご受賞を知り、わがことのように喜んでいます。 | I am almost as delighted as you to hear about your receiving award. |

| | |
|---|---|
| このご受賞は、あなたの長年にわたる努力の賜物と拝察いたしております。 | I think the prize you received is the fruit of your efforts for many years. |
| 今後のさらなるご活躍を期待しております。 | I am predicting your brilliant future. |
| あなたのこれからのご活躍がますます楽しみです。 | I am looking forward to your further success |

## 昇進・栄転祝い

| | |
|---|---|
| このたびのご昇進、おめでとうございます。 | Congratulations on your promotion. |
| ご昇進されたとお聞きし、たいへんに喜んでおります。 | I was very happy to hear about your promotion. |
| このたびのご昇進、心よりお祝い申し上げます。 | Please accept my sincere congratulations on your recent promotion. |
| あなたに心からお祝いを申し上げます。 | I would like to express my sincere congratulations to you. |
| あなたのご昇進を心からお祝いしたいと思います。 | I would like to extend congratulations on your promotion. |
| この度は、支店長としてご栄転とのこと、心よりお祝い申し上げます。 | Congratulations on your promotion to branch manager. |
| まさに、あなたのお力にふさわしいご昇格だと思います。 | It is a reasonable promotion suited to your ability. |
| これまでのご精進とご実績が認められ | I think this surprising promotion was |

| | |
|---|---|
| ての大抜擢と拝察いたします。 | made by your efforts and achievements. |
| 新天地でも、さらにご手腕を発揮なされることを祈念いたしております。 | I wish you to show your full ability at the new place. |
| 新たなご任務におかれましても、これまで以上のご成功をおさめられることと確信しております。 | I am sure that you will succeed in your new job. |
| 新しいポジションでさらに成功されますことをお祈りいたします。 | I wish you continued success in your new position. |

## 退院・快気祝い

| | |
|---|---|
| 退院、おめでとう。 | Congratulations! I am happy to hear that you left the hospital. |
| 全快したことを知り、大変うれしく思いました。 | I was very happy to hear that you had completely recovered. |
| 大事に至らず、安心いたしました。 | I was relieved to hear that your condition escaped the worst. |
| ご家族の皆様も、さぞお喜びのことでしょう。 | I am sure all of your family members must be very glad about it. |
| 病気は予後が大切です。どうかご無理をなさらず、くれぐれもご自愛のほどを。 | It is very important to recuperate carefully after illness. Please take it easy and take good care of yourself. |

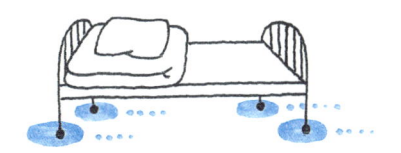

★お祝いの手紙(3) 受賞祝い／昇進・栄転祝い／退院・快気祝い

# お礼の手紙（1）
## ★贈り物へのお礼

**例文**

Dear Victor,

1 　①Thank you very much for the wonderful gift that you sent me the other day. ②I was so surprised and deeply moved by this unexpected present.

2 　①It is almost impossible to obtain such a gorgeous tapestry in Japan. ②I am always impressed by your good taste. Everyone in my family is fond of this wall decoration very much.

3 　①As soon as I received the tapestry I displayed it on the wall of the entrance hall. At that time I felt the common space had suddenly changed into a refined and elegant one. I enclose some pictures herewith. ②I am very much obliged to you for your kind consideration all the time.

　　　　　　　　　　　　　　　　　　　Yours faithfully,
　　　　　　　　　　　　　　　　　　　*Kyoko Matsumoto*

**覚えておきたい表現**

be surprised＝驚く　　be deeply moved＝感激する
unexpected＝思いがけない、予期せぬ
It is impossible to 〜＝〜できない、不可能である　　obtain＝手に入れる
tapestry＝つづれ織りの壁掛け　　be impressed by〜＝〜に感心する
good taste＝センスのよさ　　be fond of〜＝〜が気に入る
as soon as 〜＝〜するやいなや、〜するとすぐ　　display＝飾る
entrance hall＝玄関　　common＝平凡な　　suddenly＝急に
refined＝あかぬけた　　enclose＝同封する

## さしかえ文例

### 1 - ① 感謝の言葉を述べる

クリスマス・プレゼントをどうもありがとう。

Many thanks for your Christmas present.

このたびは贅沢な品物をお送りくださ

I am very grateful to you for sending

**point!** 贈り主にしてみれば、品物がきちんと届いているかどうか気にかかるところです。短い手紙でもかまわないので、できるだけ急いで書くようにしましょう。

## ★お礼の手紙(1) 贈り物へのお礼

**対訳**

ヴィクトル様

1 ①先日は、すばらしい贈り物をいただき、本当にありがとうございました。②思いがけないプレゼントに大変驚き、感激いたしました。

2 ①これほど豪華な壁掛けは、日本ではまず入手することができません。②いつもあなたのセンスのよさには、感心させられるばかりです。家族全員、この壁掛けをとても気に入っています。

3 ①さっそく、わが家の玄関に飾りました。それまで平凡だった空間が、急にあかぬけたように感じられます。写真を撮りましたので、同封いたします。②いつもながらのあなたのあたたかいお心遣いに対し、厚く御礼を申し上げます。

敬具
松本今日子

---

り、心より御礼申し上げます。 | me a luxurious gift.

わざわざ旅行のおみやげを送ってくださいまして、ありがとうございました。 | Thank you very much for sending me a souvenir of your trip.

### 1 - ② 贈り物をもらった驚きや喜びを伝える

思いがけないプレゼントに、喜びもひとしおです。 | I am unable to contain my joy receiving the surprising present.

包みを開いて、思いもかけないすてきな贈り物にびっくりしました。 | On opening the parcel I was surprised by the unexpected, marvelous gift.

ずっと欲しかったものなので、感激で胸がいっぱいです。 | I am filled with joy receiving what I have been wanting all this time.

## 2-① 贈り物をほめる

| | |
|---|---|
| 私の好みにぴったりの贈り物です。 | This gift suits my taste. <br> This present is just as I like. |
| 夫婦ともども、大変に気に入っております。 | My wife and I both are pleased with your present. |
| なんて美しい花瓶なのでしょう。 | What a beautiful vase! |
| これほど高価なネックレスは、今までつけたことがありません。 | I have never worn such an expensive necklace. |

### 贈り物を形容する単語

| | | | |
|---|---|---|---|
| 素敵な | nice, marvelous, | かわいらしい | charming, cute, sweet |
| すばらしい | wonderful, fantastic, great | 趣味のよい | in good taste, tasteful |
| 見事な | excellent, splendid, perfect | めずらしい | rare, unique, unusual |
| 豪華な | gorgeous, deluxe, luxurious | 高価な | expensive, high-priced |
| 美しい | beautiful, lovely, pretty | 貴重な | precious, valuable |

## 2-② 贈り主のセンスなどをたたえる

| | |
|---|---|
| あなたの趣味の良さには、いつもながら感心しています。 | I admire you for your good taste all the time. |
| あなたはとても目利きですね。 | I think you have a good judging eye. |

## 3-① 贈り物をどのように使ったかなどを伝える

| | |
|---|---|
| いただいた絵は、さっそくわたしの部屋に飾りました。 | I immediately displayed the picture you gave me in my room. |
| さっそくいただいたマフラーを巻いて、街に出かけました。 | I have already gone to downtown wearing the muffler you presented to me. |

| | |
|---|---|
| あなたがくださったペンで、この手紙を書いています。 | I am writing this letter with the fountain pen you gave me. |

### 3-② 贈り物へのお礼の結び

| | |
|---|---|
| あたたかいお心づかいに、心より感謝申し上げます。 | I am very grateful to you for your warm consideration. |
| 重ねて厚く御礼申し上げます。 | Please accept my sincere appreciation once again. |
| 本日はまずはお礼のみにて。 | It is just to express my gratitude for today. |

## お祝いへのお礼

| | |
|---|---|
| すてきな誕生日カードをありがとう。 | Thank you for your fantastic birthday card. |
| わたしの誕生日を覚えていてくださって、ありがとうございます。 | Thank you very much for keeping my birthday in your mind. |
| 心あたたまるお祝いのお手紙を受け取り、とても嬉しかったです。 | It was so nice to receive your kind letter of congratulations. |
| ご丁寧なお祝いを頂戴いたしまして、感謝申し上げます。 | I deeply appreciate your cordial gift. |
| あなたのお祝いのお言葉に、大変勇気づけられました。 | Your words of congratulation have encouraged me very much. |
| 先日は過分なお祝いをいただきまして、大変恐縮しております。 | I am very grateful that you gave me an undeserved gift the other day. |

★お礼の手紙(1) 贈り物へのお礼／お祝いへのお礼

# お礼の手紙（２）
★お世話になったことへのお礼

**例文**

Dear Alain,

1　①I returned home safe and sound from the United States last week. ②You were a great help to me during my stay in New York.

2　At the beginning of my trip I never dreamed that my stay in New York would be full of such comfortable days full of enjoyment. ①Thanks to your help I could bring back many joyful memories. I cannot forget your family's warm reception. ②I thank you all from the bottom of my heart.

3　①When you and your family have an opportunity to visit Tokyo, please let me help you in your trip. ②I would like to express my hearty appreciation once again. Thank you very much for your kindness.

All the best,
Reiko Kida

**覚えておきたい表現**

return home＝帰国する　　safe and sound＝無事に
last week＝先週　　during my stay＝滞在中
at the beginning of～＝～の初めに　　never dream＝夢にも思わない
comfortable＝快適な　　thanks to～＝～のおかげで　　bring back＝持ち帰る
joyful memories＝楽しい思い出　　cannot forget＝忘れられない
warm reception＝あたたかい歓待　　from the bottom of my heart＝心から
have an opportunity to～＝～する機会がある
please let me～＝～させてください　　once again＝あらためて、もう一度

## さしかえ文例

### 1 -① 相手を安心させる

9月3日、無事東京に帰ってきました。　I came back to Tokyo safely on September 3rd.

昨夜、元気に帰国いたしました。どう　I came home in good spirits last

> point!
> お世話になったことへのお礼の手紙は、何よりもタイミングが重要です。今さら、といった感じを相手に与えないよう、簡単なものでも早めにしましょう。

## ★お礼の手紙(2) お世話になったことへのお礼

### 対訳

親愛なるアラン

1　①先週、アメリカから無事に帰国しました。②ニューヨーク滞在中は、大変お世話になりました。

2　旅の当初には、ニューヨークでの滞在が、あれほど充実した快適な日々になるとは夢にも思っていませんでした。①あなたのおかげで、とてもたくさんの楽しい思い出をつくることができました。あなたのご家族のあたたかい歓待も忘れられません。②みなさんに心から感謝しています。

3　①もしもあなたや、あなたのご家族が東京に来られる機会がありましたら、その時にはぜひ私に、旅のお世話をさせてください。②みなさんのご厚意に、あらためてお礼を申し上げます。本当にありがとうございました。

敬具
木田礼子

| かご安心ください。 | night. Please be relieved. |
| --- | --- |
| 数日、時差ボケが続きましたが、今ではすっかりいつもどおりの生活に戻りました。 | After suffering jet lag for several days I have completely returned to normal daily life as usual now. |

### 1-② お世話になったお礼を述べる

| チェルトナムでは、ご親切なおもてなしをありがとうございました。 | Thank you so much for your kind hospitality at Cheltenham. |
| --- | --- |
| 留学中は、大変にお世話になりました。 | You helped me in various ways when I was studying in your country. |
| ホームステイの期間中は、ご親切にし | I do not know how to express my |

ていただき、お二人には何とお礼を言えばよいかわからないほどです。 | thanks for your kindness while I stayed with you both in your home.

## 2-① 感謝の気持ちを具体的に述べる

| | |
|---|---|
| そちらの土地に不案内な私でも、あなたのおかげで快適な旅をすることができました。 | Though I was a stranger in your place I could enjoy a very pleasant trip thanks to your help. |
| ロンドンでの最後の夜のパーティーは、本当に楽しかったです。 | I had a very good time at the farewell party in London. |

## 2-② 感謝の気持ちを強調する

| | |
|---|---|
| あなたにはどれほどお礼を言っても言い足りません。 | I can never express my gratitude adequately. |
| 一生恩に着ます。 | I will never forget your favor. |

## 3-① 今後について伝える

| | |
|---|---|
| この秋、日本に来られた時には、ぜひ私の家へいらしてください。 | Please be sure to come to my house when you visit Japan this fall. |
| この次おうかがいする時は、あなたのお世話にならないよう、しっかりと準備をしてからにしたいと思います。 | For the next time I will come and see you after enough preparation so as not to give you much trouble. |

## 3-② お世話になったお礼の手紙の結びの言葉

| | |
|---|---|
| あなたのご親切に、重ねて感謝いたします。 | I thank you for your kindness once again. |
| あなたに再び会える日を楽しみにしています。 | I am looking forward to seeing you again. |

| | |
|---|---|
| ご家族の皆様にも、どうぞよろしくお伝えください。 | Please give my regards to everyone in your family. |

## お見舞い（病気・災害など）へのお礼

| | |
|---|---|
| 励ましのお手紙をどうもありがとう。 | Thank you very much for your letter of encouragement. |
| ようやくあなたに手紙が書けるようになりました。 | I can barely write a letter to you. |
| あなたの送ってくださったお見舞いの手紙に、ずいぶん元気づけられました。 | I was encouraged very much by your get-well letter. |
| いろいろ心配をおかけしましたが、今ではだいぶ落ち着きました。 | I am sorry to have troubled you so much but I finally recovered my presence of mind. |
| 母は日に日に回復に向かい、今月末には退院できそうです。 | My mother is getting better day by day, so she will probably be able to leave the hospital at the end of this month. |
| 幸いにも私たち家族はみな無事で、家屋も被害を免れました。 | Fortunately my family members are all safe and our house remained intact. |
| 被害はさほどでもなく、無事でおりますのでどうかご安心ください。 | Please be at ease because we are all safe and the damage is not so serious. |

★お礼の手紙(2)　お世話になったことへのお礼／お見舞いへのお礼

# 通知の手紙（1）
★出産の通知

**例文**

Dear Roy,

1　　How have you been these days? I hope everything is well with you.
　　①Today I am writing to inform you that our first child was born and joined in our family. ②My wife gave birth to a healthy baby boy of 2,500 grams on November 26th.

2　　We named our son Kenji. The meaning is "a healthy child." ①My wife, Tomiko is also very well. ②I am very grateful to you for many letters of encouragement and for the consideration you gave us. Thanks a lot.

3　　Now I am filled with deep emotion at becoming a father of a child. ①In spite of feeling uncertain about the future I will make every effort to be a good father.
　　②Well, please say hello to your wife.

　　　　　　　　　　　　　　　　　　　　　Sincerely,
　　　　　　　　　　　　　　　　　　　　　*Yukio Tsumura*

**覚えておきたい表現**

inform＝知らせる　　be born＝産まれる
give birth to〜＝〜を出産する　　baby boy＝男の赤ちゃん
baby girl＝女の赤ちゃん　　name＝名づける　　meaning＝意味
letter of encouragement＝励ましの手紙
be filled with〜＝〜で胸がいっぱいである　　in spite of〜＝〜にもかかわらず、
feel uncertain＝不安を感じる　　make every effort＝精いっぱい努力する
please say hello to〜＝〜によろしくお伝えください

## さしかえ文例

### 1-① 出産について報告する

私たちに新しい家族ができました。

We are glad to tell you that a new member joined in our family.

> **point!** 出産を知らせる手紙では、いつ産まれたのか、子どもの性別や名前、そして母子の健康状態などを伝えます。産まれた子どもの写真を同封してもいいでしょう。

## ★通知の手紙(1) 出産の通知

**対訳**

親愛なるロイへ

1. その後いかがお過ごしですか？　元気にやっていることと思います。
さて今日は、私たち夫婦に初めての子どもが誕生したことをお伝えするためにペンをとりました。11月26日に、2500グラムの元気な男の子が産まれました。

2. 子どもの名前は、健児と名づけました。健康な子どもという意味です。妻の登美子も元気です。これまでいろいろと心配してくれて、たくさんの励ましの手紙をくれた君にも、心から感謝します。ありがとう。

3. 僕もようやく一児の父親となり、感激で胸がいっぱいです。先のことを考えると不安もありますが、よき父親となれるよう、努力します。
では、奥様にもよろしくお伝えください。

敬具
津村幸雄

---

| 私たち夫婦に2人目の子供が誕生しました。 | We have the pleasure of informing you of the birth of our second child. |
|---|---|
| 6月3日、無事に女の赤ちゃんが誕生しました。 | We are happy to inform you that my wife gave birth to a baby girl on June 3rd. |

### 新生児をあらわす単語

| | | | |
|---|---|---|---|
| 赤ちゃん | baby | 次男 | second son |
| 双子 | twins | 三男 | third son |
| 息子 | son (boy) | 長女 | eldest daughter(oldest daughter) |
| 娘 | daughter (girl) | 次女 | second daughter |
| 長男 | eldest son (oldest son) | 三女 | third daughter |

## 1-② 産まれた子どもについて伝える

| | |
|---|---|
| 難産だったので心配しましたが、無事に元気な女の子が産まれました。 | I was anxious about the difficult delivery but my wife gave birth to a healthy baby girl at last. |
| 未熟児でしたが、おかげさまで元気です。 | Though our child was born as a premature baby he is doing well now. |
| 大変に元気な赤ちゃんで、ミルクの飲みっぷりもたくましいです。 | As the baby is full of energy his manner to suck the breast is so powerful. |

## 2-① 子どもと母親の状態などについて伝える

| | |
|---|---|
| 妻も初めてのお産で緊張していましたが、産後の肥立ちはいいようです。 | My wife was nervous as it was the first delivery but she is doing well after childbirth. |
| 難産でしたが、母子ともに健康です。 | In spite of difficult delivery the mother and child both are doing very well. |

## 2-② 相手の心づかいにお礼を述べる

| | |
|---|---|
| いろいろ心配してくれてありがとう。 | Thank you for various considerations. |
| あなたのアドバイスがとても役に立ちました。 | Your advice was very good for me. |

## 3-① 今後の抱負を述べる

| | |
|---|---|
| 親としての責任の重さをひしひしと感じているところです。 | I am about to realize the parental responsibility. |

| | |
|---|---|
| 私も妻を助けて育児をがんばるつもりです。 | I intend to do my best caring for the child in order to support my wife. |

### 3-② 出産の知らせる手紙の結びの言葉

| | |
|---|---|
| 写真を同封しました。私たちのどちらに似ていると思いますか。 | I enclosed some pictures with this letter. Which of us do you think our baby most closely resembles? |
| あなたのご家族にもよろしくお伝えください。 | Please give my best wishes to your family. |

## 婚約・結婚の通知

| | |
|---|---|
| 婚約しました。半年後に結婚式を挙げる予定です。 | I am glad to tell you that I have got engaged and the wedding ceremony will be held 6 months later. |
| このたび婚約いたしましたので、お知らせいたします。 | We are happy to inform you of our engagement. |
| 結婚式は、日本の伝統に則って、神社で行う予定です。 | Our wedding ceremony will be held at a shrine following Japanese tradition. |
| このたび結婚いたしました。未熟な夫婦ですが、ご鞭撻のほどよろしくお願いいたします。 | It is our greatest pleasure to inform you that we have just married. We look to you for your guidance and encouragement for an inexperienced couple. |
| ハネムーンはあなたの住むハワイに決めました。 | We decided to go on our honeymoon to Hawaii where you live. |

★通知の手紙(1) 出産の通知／婚約・結婚の通知

# 通知の手紙（2）
## ★転居の通知

### 例文

Dear Jeff,

　I hope you have been very well.

1　　①I left Tokyo where I had lived many years and I moved to Fujiyoshida city in Yamanashi Prefecture two weeks ago. ②As I told you in my previous letter my asthma, which is a chronic disease for me, was not getting better. I finally decided to recuperate in this place which is favored with fresh air.

2　　①This place is blessed with excellent natural environments perfectly suited for the health. ②When I feel well I sometimes go fishing in a lake near here. Perhaps I will soon recover from my asthma.

3　　①When you visit Japan please be sure to come to my house. Grand Mt. Fuji will be waiting to meet you standing close at hand.

　New address:2-11-4Tokiwadai, Fujiyoshida, Yamanashi, Japan 403-0015

　　　　　　　　　　　　　　　　　　Yours cordially,
　　　　　　　　　　　　　　　　　　*Asako Makimura*

### 覚えておきたい表現

move to～＝～へ引っ越す、～に転居する
prefecture＝県　　previous＝先の、前の　　asthma＝喘息
chronic disease＝持病
recuperate＝療養する　　be favored with～＝～に恵まれる
be blessed with～＝～に恵まれる　　natural environments＝自然環境
perfectly＝申し分なく　　suited for～＝～に適した　　go fishing＝釣りに行く
recover from～＝～が治る　　be sure to～＝きっと～する
close at hand＝間近に

## さしかえ文例

### 1 - ① 転居の報告をする

今度、横浜の郊外に引っ越すことになりました。

I inform you that I will move to the suburbs of Yokohama.

**point!** 転居先の住所に誤りがないかよく見直しましょう。手書きの場合には、新住所の部分だけでも、筆記体でなく、ブロック体で書くようにしたほうが誤解がないでしょう。

## ★通知の手紙(2) 転居の通知

**対訳**

ジェフ様

お元気でお過ごしのことと存じます。

1　さて、私は住み慣れた東京を離れ、山梨県の富士吉田市へ2週間前に引っ越してきました。持病である喘息の症状が思わしくないことは、先の手紙でお伝えしていましたが、ついに空気のよい当地で療養することにしたのです。

2　こちらは豊かな自然に恵まれた、健康のためには申し分のない環境です。体調のよいときには、近くの湖へ釣りにでかけたりもしています。私の喘息もきっとすぐによくなることでしょう。

3　もしもあなたが日本に来られたなら、ぜひ私の家へいらしてください。雄大な富士山もまぢかで出迎えてくれますよ。

新住所　郵便番号403-0015　山梨県富士吉田市ときわ台2-11-4

敬具

槇村朝子

| | |
|---|---|
| この度、下記の住所に転居することになりましたので、お知らせいたします。 | This is to inform you that I will move to the address below. |
| 先週、金沢から札幌に引っ越して来ました。 | I have moved to Sapporo from Kanazawa last week. |
| 8月に引っ越しをします。これからお手紙は次の住所に送ってください。 | I will move in August. Please send your letter to the following address. |
| 3月20日より、私の住所は下記の通りになります。 | My address will be changed as follows from March 20th. |

## 1-② 転居の理由や動機について述べる

| | |
|---|---|
| 以前から人の少ない静かなところに住みたいと考えていました。 | I have wanted to live in a quiet and sparsely populated area for a long time. |
| 父の転勤が急に決まったため、このような突然の引っ越しとなりました。 | We have moved without notice because my father was suddenly transferred. |
| 前からひとり暮らしがしてみたかったのです。 | I have been hoping to live alone all the time. |
| 今住んでいるところよりももっと仕事場に近い場所に、安いマンションを見つけました。 | I found a low-priced condominium located in an area closer to my office than I live at present. |
| 今の家が手狭になったので、もう少し広いところに思い切って引っ越すことにしました。 | As the house has become too cramped we decided to move into a larger one. |

## 2-① 転居先の環境について伝える

| | |
|---|---|
| 私の家は駅の近くです。 | My new house is located near a train station. |
| 私の家から駅までは15分です。 | It takes fifteen minutes to get to the train station from my house. |
| 今度の家は交通の不便なところにあります。 | My new house is inconveniently located. |
| 駅からとても近く、商店街もすぐそばにあるので便利です。 | It is convenient that my new house is very close to the station and surrounded by the shopping area. |

| 閑静な住宅街で、近所の人も親切です。 | Now I live in a quiet and nice residential area where the neighbors are all friendly. |
|---|---|
| この町は景色がよく、交通の便もよいです。 | This town has beautiful scenery and is conveniently situated. |
| すぐ近くに公園があります。 | There is a park right nearby. |

―――――― 環境を説明するときの言葉 ――――――

| 閑静な | quiet | 活気のある | active |
|---|---|---|---|
| にぎやかな | busy | 街の中心地 | downtown |
| 自然にめぐまれた | be blessed with nature | 郊外 | suburbs |
|  |  | いなか | country |
| 緑の豊かな | verdant | 都会 | city |
| 便利な | convenient |  |  |

## 2-② 転居後の生活の様子などを伝える

| 近所の人たちとも、すぐに親しくなれました。 | We soon made friends in the neighborhood. |
|---|---|
| 部屋は狭くなりましたが、ひとり暮らしの解放感を思う存分味わっています。 | My room has become smaller but I am filled with a sense of freedom living by myself. |
| 今月の家賃を払うのを忘れてしまいました。 | I forgot to pay my rent this month. |
| 近くの公園で、毎朝のジョギングをして、体力づくりに励んでいます。 | In order to build up my physical strength I jog at a nearby park every morning. |
| 近所においしいイタリアンレストランを見つけました。 | I came across a very good Italian restaurant near my house. |

★通知の手紙(2) 転居の通知

| | |
|---|---|
| いつかは庭のある家に住んでみたいものです。 | I want to live in a house with a yard some day. |
| 私は来春にマンションを購入する予定にしています。 | I plan to purchase a condo next spring. |

## 3-① 転居の通知の手紙の結びの言葉

| | |
|---|---|
| 日本にいらしたなら、私の新居にお招きいたします。 | When you come to Japan I will invite you to my new house. |
| ぜひ一度、遊びにきてください。 | Please be sure to come and see me. |

**アドバイス**

### 住居の表現

イギリスでは家屋としての「家」はhouse、家庭生活の場としての「家」はhomeと区別して用いることが多いのですが、アメリカではhomeをhouseと同じ意味で使う傾向があります。
一戸建て住宅はhouse、分譲マンションはcondominium、(口語では略してcondo)、賃貸マンションや賃貸アパートはapartment（米）、やflat（英）と言います。日本では分譲・賃貸の区別なく「マンション」という言葉を多用しますが、英語のmansionはフランス語のmaisonを語源とする言葉で、「大邸宅」あるいはアパートの建物全体を意味します。

# 退院の通知

| | |
|---|---|
| ご心配をおかけしましたが、一昨日晴れて退院することができました。 | I am sorry to have troubled you so much. I happily returned home from the hospital the day before yesterday. |
| 病気もやっと全快し、ようやく退院することができました | It is a great pleasure to inform you that I have finally recovered from sickness and I could leave the |

★ 通知の手紙(2) 転居の通知／退院の通知

| | hospital. |
|---|---|
| お陰さまで、母が昨日退院しましたので、お知らせいたします。 | Thanks to God, I am glad to inform you that my mother left the hospital yesterday. |
| 先週退院し、3週間ぶりにわが家に戻りました。 | I am happy to inform you that I returned home from the hospital last week after three weeks' absence. |
| 現在は退院して、自宅で療養しております。 | After leaving the hospital I am recuperating at home now. |
| ごていねいなお見舞いをいただき、あなたのご厚情に心から感謝いたします。 | I am grateful to you for your kind visit in the hospital. |
| 入院中は、ご心配いただきありがとうございました。 | Thank you very much for your consideration while I was in the hospital. |
| 入院中には、あたたかいお見舞いのお手紙をくださり、ありがとうございました。どれだけ励まされたかわかりません。 | It was very nice of you to send a kind get-well letter to my bedside in the hospital. I cannot tell you how much it encouraged me. |
| 私の病気のことですっかりご心配をかけてしまい、申し訳ありませんでした。 | I am very sorry for having caused you so much trouble because of my sickness. |
| 体調もすっかり回復し、来週には、職場に復帰する予定です。 | As I have recovered fully I am going to return to work next week. |

# お見舞いの手紙（1）
★病気・けが見舞い

**例文**

Dear Mike,

1　I have been very shocked to hear that your mother was taken sick. I can hardly believe that she has fallen ill because she seemed to be in very good spirits and quite healthy when she visited Japan with you last month. You must be very anxious about this unexpected occurrence.

2　How is your mother's condition at present? I hope that she will be getting better when you receive this letter.

3　Please take good care of yourself so as not to be worn out with nursing. I am hoping that your mother will recover completely very soon.

　　　　　　　　　　　　　　　　　　　　　　　Yours faithfully,
　　　　　　　　　　　　　　　　　　　　　　　*Atsuhiko Utsumi*

**覚えておきたい表現**

be shocked to hear～＝～と聞いて驚く
be taken sick＝病気になる　　can hardly believe＝とても信じられない
fall ill＝病気になる、病いに倒れる　　be in good spirits＝元気である
quite healthy＝健康そのもの　　be anxious about～＝～が心配である
unexpected occurrence＝思いがけない出来事
condition＝健康状態、病状、容態
at present＝現在の　　be getting better＝快方に向かう
so as not to～＝～しないように　　be worn out＝疲れ果てる
nursing＝看病　　recover completely＝全快する

## さしかえ文例

### 1-① 知らせを聞いての気持ちを伝える

体調をくずされているとお聞きして、お気の毒に思います。

I am very sorry to hear that you got ill.

ダグラスさんからあなたが胃の手術を

I was very anxious to hear from Mr.

**point!** 相手の病状やけがの具合を気づかい、回復を祈ります。お見舞い以外の別な用件を書き添えたり、また、相手からの返事を求めるようなこともしないようにしましょう。

## ★お見舞いの手紙(1) 病気・けが見舞い

**対訳**

マイク様

1. ①お母様がご病気とお聞きして、大変に驚いています。先月、あなたとともに日本にいらしたときにはとてもお元気で、まったく健康そのもののように思われましたのに、病いに倒れたなどとても信じることができません。②あなたも急なことで、さぞご心配されていることでしょう。

2. ①お母様の現在のご容態はいかがでしょうか。②この手紙が届くころにはすっかり快方に向かっているように願っております。

3. ①どうかあなたも看病のお疲れを出されませんよう、くれぐれもご自愛なさってください。②お母様の一日も早い全快を心よりお祈りいたしております。

敬具
内海淳彦

| | |
|---|---|
| されたとうかがい、非常に心配しています。 | Douglas that you had an operation on the stomach. |
| お父様が交通事故にあわれたとお聞きして、びっくりいたしました。 | I was so surprised to hear that your father met with a traffic accident. |
| あなたがけがをされたと聞いて、とても心配しています。 | I feel uneasy to hear that you were injured. |
| あなたが骨折されたことを知り、案じております。 | I am anxious to knowing that you broke a bone. |
| あなたの突然のご入院の知らせに、わが耳を疑いました。 | I could hardly believe my ears at the news that you had suddenly entered the hospital. |

### 1 - ② 病人（けが人）の家族を案じる

| | |
|---|---|
| ご家族の皆様もさぞご心配のことと思います。 | How anxious your family must be! |
| 連日の看護でお疲れを出されてはいませんか。 | I hope you are not worn out with continuous nursing. |

### 2 - ① 病人（けが人）の容態を案じる

| | |
|---|---|
| その後の経過はいかがでしょうか。 | How have you been doing? |
| 今はどのようなご様子でしょうか。 | How is your condition now? |
| 重篤ではないとのことで一安心いたしましたが、その後のご病状はいかがでしょうか。 | I have been relieved to hear that your sickness is not so serious. And how is your condition doing? |
| 快方へ向かっていると信じていますが、いかがですか。 | I believe you are getting better. How are you feeling? |

### 2 - ② 病人（けが人）やその家族を励ます

| | |
|---|---|
| きっとすぐに快方に向かわれるものと信じております。 | I am sure that you will be getting better soon. |
| この機会に休養をとるつもりで、じっくりと治療に専念してください。 | Please give your mind to medical treatment without hurry as if you had an opportunity to take a long vacation. |
| よい機会と考えて、どうかゆっくりご静養なさってください。 | Looking from another angle it is a good chance for you. Please take a rest quietly. |

## 3-① 病人（けが人）の家族を気づかう

| | |
|---|---|
| どうぞご無理をなさいませんよう、体調に気をつけながら、お父様の看病を続けていただきたいと存じます。 | I wish you to continue nursing your father, taking care of yourself but not to work too hard. |
| あなた自身のご健康にも、どうか十分なご配慮をお願い申し上げます。 | Please take good care of your health. |

## 3-② 病気・けが見舞いの手紙の結びの言葉

| | |
|---|---|
| 一日も早く健康を取り戻されることを心より願っております。 | I do wish you to recover your health as soon as possible. |
| お父様の一日も早い退院を祈っております。 | I am hoping that your father will be able to leave the hospital very soon. |
| 順調なご回復を心よりお祈りしながら、ペンをおきたいと思います。 | Closing this letter I wish you to recover smoothly. |
| どうぞお大事に。 | Good luck to you! |

### 病気・けがに関する言葉

| | | | |
|---|---|---|---|
| 病院 | hospital | 打撲 | bruise |
| 診療所 | clinic | ねんざ | sprain |
| 薬局 | pharmacy, drugstore（米）, chemist's shop（英） | 出血 | bleeding |
| | | 咳 | cough |
| 医者 | doctor | めまい | giddiness, dizziness |
| 看護師 | nurse | 風邪 | cold, influenza, flu |
| 薬剤師 | pharmacist | 肺炎 | pneumonia |
| 頭痛 | headache | 胃炎 | gastritis |
| 腹痛 | stomachache | 脳卒中 | cerebral apoplexy |
| 神経痛 | neuralgia | 盲腸 | appendix |
| 熱 | fever | 癌 | cancer |
| 嘔吐 | vomiting | 交通事故 | traffic accident |
| 下痢 | diarrhea | 自動車事故 | car accident |
| 骨折 | fracture of a bone | 飛行機事故 | airplane accident |

★お見舞いの手紙(1)　病気・けが見舞い

# お見舞いの手紙（２）
## ★災害見舞い

**例文**

Dear Johnny,

1　①I am quite astonished to learn from the newspaper that a terrible storm attacked the district where you live. ②I heard that it caused great damage. Is your house safe? Are there any injured people in your family?

2　①I would like to prepare at once and send you what is helpful for you. Please do not be shy about telling me what you need. ②It is my greatest pleasure as a friend of yours if I can help you in such a difficult situation.

3　①I am looking forward to seeing your family's cheerful and bright smile very soon. ②I hope you are all right.

　　　　　　　　　　　　　　　　　　　Yours sincerely,
　　　　　　　　　　　　　　　　　　　*Nobuko Kurita*

**覚えておきたい表現**

be astonished＝驚く　　terrible＝ものすごい、酷い
storm＝暴風雨　　attack＝襲う　　district＝地域
cause damage＝被害をもたらす　　injured＝怪我した
at once＝すぐに、直ちに　　helpful＝助けになる　　be shy＝遠慮する
difficult situation＝窮状　　cheerful＝元気な　　bright＝明るい
smile＝笑顔　　be all right＝無事である

## さしかえ文例

### 1 - ① 知らせを聞いての気持ちを伝える

火事でお宅を全焼されたと聞いて、大変お気の毒に思います。

I am very sorry to learn that your house was completely destroyed by fire.

ハリケーンがあなたのお住まいの地域に大きな被害を与えたというニュース

I am writing this letter in a hurry because I watched the news on TV

> **point!** 被害の状況がよくわからないときには、慎重に気づかいを示すようにしましょう。相手に不快な思いをさせないよう、細心の注意を払いながら言葉を選んでください。

## ★お見舞いの手紙(2) 災害見舞い

**対訳**

ジョニー様

1　①新聞で、あなたの住んでいる地域が暴風雨に襲われたことを知り、大変に驚いています。②かなり大きな被害が出たとのことですが、あなたの家は大丈夫ですか。あなたやご家族の皆様におけがなどはなかったでしょうか。

2　①もしこちらから送って助けになるような物品があれば、すぐに手配いたしますので、ご遠慮なくおっしゃってください。②こうした窮状において力になれるなら、友人としてはうれしいかぎりです。

3　①皆様の明るく元気な笑顔を近いうちに拝めますよう念じております。②どうぞご無事でいてください。

敬具
栗田信子

---

をテレビで見て、あわてて手紙を書いています。

informing that a hurricane did great damage to the district where you live.

---

御地で大規模な地震があったと知り、すぐにお電話を差し上げましたが、つながりませんでした。

As soon as I learned that a pretty strong earthquake shook your place I called you but I could not get you on the phone.

### 1-② 相手やその家族を案じる

突然のことで、皆様も途方にくれていらっしゃることとお察しいたします。

I suppose you are all at a loss as to what to do after this unexpected occurrence.

---

ご家族の皆様が全員無事に避難された

I hope that all your family could take

| | |
|---|---|
| かどうかがとても気がかりです。 | refuge unhurt. |
| あなたとご家族のことを、大変に心配しています。 | I am concerned about you and your family. |
| あなたのご無事を信じています。 | I am convinced that you are all right. |
| あなたのお住まいの地域には、大きな被害がなかったことを祈っています。 | I wish there had not been serious damage in your district. |
| どうお慰めしてよいかわかりません。 | I cannot find any words of comfort to you. |

## 2-① 援助を申し出る

| | |
|---|---|
| もしも私に何かできることがあれば、どうぞご遠慮なくお知らせください。 | Please do not hesitate to informing us what I can do for you. |
| 私で力になれるなら、なんだってやるつもりです。 | I will do whatever I can help you. |

## 2-② 相手を励ます

| | |
|---|---|
| どうか気落ちなさいませんよう。 | Please do not be discouraged. |
| あなたなら、すぐに窮境から抜けだせると信じています。 | I trust that you can recover from this difficult situation very soon. |
| 困難な状況にあっても、人は希望を見出せるものです。 | In every difficult situation we can always find out hope. |

## 3-① 相手を思いやる

| | |
|---|---|
| 惨状を知るにつけ、胸が痛みます。 | The more I learned of the terrible scene, the more it pained my heart. |

| 落ち着かれてからでかまいませんので、そちらのご様子をお知らせください。 | Please let me know your condition when it calms down. |

## 3-② 災害見舞いの手紙の結びの言葉

| 心よりお見舞い申し上げます。 | I would like to express my hearty sympathy with you. |
| --- | --- |
| 皆様のご無事を心よりお祈りいたしております。 | I wish you all to be safe. |
| 一日も早い復興をお祈りしています。 | I hope that you will accomplish the reconstruction as soon as possible. |

### 災害に関する言葉

| | | | |
| --- | --- | --- | --- |
| 地震 | earthquake | 寒波 | cold wave |
| 洪水 | flood | 熱波 | heat wave |
| 雷 | thunder | 津波 | tsunami, tidal wave |
| 暴風雨 | storm | 雪崩れ | avalanche |
| 火災 | fire | 土砂崩れ | landslide, washout |
| 台風（シナ海方面） | typhoon | 停電 | power failure |
| 竜巻 | tornado | 断水 | suspension of water supply |
| ハリケーン（メキシコ湾方面） | hurricane | 旱魃 | drought |
| 大雪 | heavy snowfall | 火山の噴火 | volcanic eruption |
| サイクロン（インド洋方面） | cyclone | | |

### アドバイス 「驚く」の表現

**be surprised** 最も一般的な表現。意外なこと、予期しないこと、予想に外れたことで驚く場合に用います。

**be astonished** 驚きの程度が強い。信じがたく、理解できないことに強く驚いて、ぼうっとしてしまったり、口もきけなくなるようなケースで使います。

**be amazed** 驚きの程度がさらに強い。事の好悪ではなく、驚きのあまり当惑して、気を取り直すまでの狼狽や、途方に暮れている状態を強調するときに使います。

★お見舞いの手紙(2) 災害見舞い

# 励ましの手紙
★仕事で失敗した相手へ

### 例文

Dear Mr. Springfield,

1 　　I was very surprised at your bad news. I had thought that your work had been going smoothly. ①I deeply sympathize with your mortification when you experienced the unexpected hard luck. ②I wish your superior had been a more sensible man.

2 　　①However I know very well that you have excellent ability. ②With a view to showing your ability once again in another field, please store up your energy without worring about the present.

3 　　①I really wish you to be blessed with a forthcoming opportunity to recover very soon. ②I sincerely hope that you never lose heart and always do your best.

　　　　　　　　　　　　　　　　　　　　Cordially yours,
　　　　　　　　　　　　　　　　　　　　*Eiko Ueno*

### 覚えておきたい表現

be surprised at〜＝〜に驚く　　smoothly＝順調に
sympathize with〜＝〜に同情する、〜を察する　　mortification＝無念、悔しさ
experience＝経験する、〜な目に会う　　hard luck＝不運
at least＝少なくとも、せめて　　sensible＝物わかりのよい
with a view to 〜ing＝〜するつもりで、〜を期待して
another field＝別の分野　　store up＝〜をたくわえる
without worring＝心配せず、気をもんだりせず
for the present＝当分のあいだ、今のところ
forthcoming＝近くやって来る、来たるべき　　lose heart＝くじける

## さしかえ文例

### 1-① 同情している気持ちを伝える

今回のこと、本当に残念でしたね。　　I am very sorry for your late misfortune.

point! まずは失意の中にある相手の身になって書くことが大切です。もともとの相手の性格や置かれている状況なども熟慮に入れて、慎重に言葉を選んで書くようにしましょう。

★励ましの手紙 仕事で失敗した相手へ

**対訳**

スプリングフィールド様

1　この度のお知らせに大変驚きました。あなたのお仕事は順調に進んでいるものと思っていました。①思いがけない不運に見舞われたあなたのご無念は、察するに余りあります。②せめてあなたの上司が、もう少し理解のある人であればよかったのですが……。

2　①しかし、あなたがすぐれた才能をもっていることは、私もよく知っています。②新たな分野で再びあなたの才能を発揮するべく、今はまずゆっくりと英気を養ってください。

3　①必ずやってくる再起のチャンスに、一日も早く恵まれますよう願ってやみません。②どうぞくじけることなく、がんばってください。

敬具

上野英子

| | |
|---|---|
| さぞつらく苦しい思いをされたことでしょう。 | You must have experienced a painful and bitter feeling. |
| あなたのご落胆を思いますと、慰めの言葉も見つかりません。 | I cannot find any words of comfort for your disappointment. |
| このような不本意な結果に、私も胸が締めつけられるようです。 | It made my heart ache to hear of such an unfortunate result. |
| あなたの悔しい気持ちは、私にも痛いほどわかります。 | I keenly felt your vexation. |

## 1 - ② 相手の自責の念をやわらげる

だれにでも失敗はあるものです。　Nobody can escape from failure so

| | |
|---|---|
| | long as he lives. |
| こうした事態に陥ったのは、あなたのせいではありません。 | It is not your fault that things have fallen into such a bad situation. |
| まわりのだれも、あなたが間違っていたなどとは思っていないはずです。 | Nobody around you can say that you were wrong. |
| あまり気に病まないことが肝心です。 | It is important not to be discouraged too much. |

## 2 - ① 相手に自信をもたせる

| | |
|---|---|
| あなたならきっと、この逆境を克服することができるでしょう。 | I am sure that you can get over this adversity. |
| 苦い経験であったとは思いますが、今後のあなたの長い人生においては有益だったと思います。 | It was a bitter experience for you, but on the other hand it can be instructive for your long life from now on. |
| あなたの実力と勤勉さをもってすれば、再起のチャンスはきっと巡ってくるでしょう。 | Another chance to recover will necessarily come around for you by means of your real ability and industry. |
| あなたなら今回の試練を、明日への活力として生かしていけることと思います。 | You can surely make use of this trial as vitality for tomorrow. |

## 2 - ② 相手をねぎらう

| | |
|---|---|
| この機会に、ゆっくりと休養され、十分に充電なさってください。 | Please take this opportunity to rest calmly and to store up your energy. |

| | |
|---|---|
| 今回のことで、今までのあなたの努力がすべて無駄になるといったことはあり得ません。 | It is quite impossible that all of your efforts become nothing because of your late hard luck. |
| あのような困難な状況の中、よくここまでがんばったものだと今さらながら感服いたしております。 | Needless to say, I admire that you have held on so far under such a severe situation. |
| うまくいっているときには見えないものが、こうした失敗で初めて見えてくるといったこともあります。 | It is possible that we realize for the first time something invisible under favorable condition after a failure like this. |

## 3-① 相手の今後の成功を祈る

| | |
|---|---|
| 今後のあなたの人生に、すばらしい幸運が待っていることを心より願っています。 | I wish you the best of luck in your future life. |
| この試練が、より大きな成功のための糧となりますよう祈っております。 | I hope this trial will become nourishing food for your greater success. |
| 次回こそあなたのご努力が結実しますよう心よりお祈り申し上げます。 | I am hoping that your efforts will produce splendid results for the next time. |

## 3-② 励ましの手紙の結びの言葉

| | |
|---|---|
| 再びあなたの明るい笑顔が見られる日を心待ちにしています。 | I am looking forward to seeing your bright smile again. |
| 今回のことに懲りず、またがんばってくださいね。 | Please make every effort again learning a lesson from this failure. |

★励ましの手紙　仕事で失敗した相手へ

# 招待・案内の手紙
## ★個人的な招待・案内

**例文**

Dear Mr. White,

1  ①I am very happy to inform you that our friend Fernandez received the honorable xxxxx prize. I am very proud of him as one of his friends that his ability and his long years of efforts have been rewarded like this.

2  ①So, we are planning to hold a celebration party for him on Wednesday, September 5th, at 6 o'clock at my house. ②Please feel free to come to the party because it is just an intimate gathering. It is also a good opportunity to renew your friendship with others.

3  ①I am sorry to trouble you when you are busy, but please attend the party for our friend Fernandez. ②I am looking forward to seeing you on that day.

Sincerely yours,
Tadao Kida

**覚えておきたい表現**

honorable＝栄えある　　prize＝賞
be proud of～＝～を誇りに思う　　long years of efforts＝長年の努力
be rewarded＝報われる　　be planning to～＝～するつもりである
hold＝開催する、催す　　celebration party＝祝賀会
feel free＝気軽に　　intimate gathering＝親しい人々の集まり
renew your friendship＝旧交を温める
on that day＝当日

## さしかえ文例

### 1-① 招待・案内の経緯について伝える

私たちは、6月にハワイで、二人だけの結婚式を挙げることになりました。
We decided to get married, just the two of us, in Hawaii in June.

街頭に、クリスマスツリーのイルミネ
The season when the decoration

**point!** 結婚式や晩餐会などのフォーマルな集まりでなく、いわば個人的な堅苦しくない集まりであれば、招待・案内の手紙も、通常の手紙と同様の書き方をしてもかまいません。

★招待・案内の手紙　個人的な招待・案内

**対訳**

ホワイト様

1　①この度、私たちの友人のフェルナンデスが、栄えある○○賞を受賞しました。彼の才能と長年の努力がこのようなかたちで認められましたことは、友人の一人として大変に誇らしく思います。

2　①そこで、9月5日（水曜日）の午後6時より、私の自宅で、フェルナンデスの受賞記念パーティーを開催することにいたしました。②親しい友人だけの集まりですから、気軽におでかけください。旧交を温めるよい機会でもあると思います。

3　①ご多忙かとは存じますが、フェルナンデスのため、どうぞ万事お繰り合わせのうえ、ぜひご出席ください。②それでは、当日を楽しみにしております。

敬具
木田忠雄

---

ーションがまたたく季節となりました。 | lights on the Christmas trees are blinking on the street has come.

来月、エドワードさんがミネソタへ引っ越されることになりました。 | Mr. Edward will move to Minnesota next month.

## 2-① 何に招待・案内をするのかを伝える

1月8日土曜日の午後1時より、拙宅にて新年会を催します。 | We are having a New Year's party on Saturday, January 8th at one o'clock at our house.

8月16日土曜日の午後7時に、ささやかながらわが家で夕食会を行います。 | We are planning a small dinner party on Saturday, August 16th at seven o'clock at our home.

| | |
|---|---|
| 小さな演奏会を開くことにいたしました。 | We are going to hold a small concert. |

### 催物や集会をあらわす言葉

| | | | |
|---|---|---|---|
| 晩餐会 | dinner | 忘年会 | year-end party |
| お茶会 | tea party | 読書会 | meeting of reading circle |
| 舞踏会 | dance | 研究会 | meeting for research |
| 歓迎会 | welcome party, reception | 演奏会 | concert |
| 送別会 | farewell party | 個展 | one-man exhibition |
| 同窓会 | alumni meeting | 展示会 | exhibition |
| 新年会 | New Year's party | 講演会 | lecture meeting |

## 2-② 集まりの意義について強調する

| | |
|---|---|
| 彼の新しい門出を、みんなで祝福しましょう。 | Let us bless him on his departure. |
| このパーティーで、私たちの親睦をより深めることができればと思います。 | I hope that we can promote friendship among us at this party. |

## 3-① 出席を促す

| | |
|---|---|
| どうかふるってご参加ください。 | I hope you will willingly attend the meeting. |
| お気軽にお立ち寄りください。 | Please drop by our house any time you want. |
| お目にかかれるのを楽しみにしています。 | We are looking forward to seeing you. |

## 3-② 招待・案内の手紙の結びの言葉

| | |
|---|---|
| 恐れ入りますが、4月15日までにご出席の有無をご一報ください。 | Would you mind informing us whether you will attend the party or not by April 15. |

| 当日はみんなで盛り上がりましょう。 | Let us enjoy all together on that day. |

## 招待・案内の返事

| お招きいただき、ありがとうございます。 | Thank you for your invitation. |
| 講演会のお知らせ、ありがとうございました。 | Thank you for informing me about the lecture meeting. |
| ご親切なご招待に感謝いたします。 | I am sincerely grateful to you for your kind invitation. |
| 喜んで出席させていただきます。 | I will be honored to attend the party. |
| 必ずお伺いいたします。 | I will surely participate in the meeting. |
| 今からパーティーが楽しみです。 | I am looking forward to the party. |
| 恐縮ですが、あいにく先約があり、お誘いをお断りせざるをえません。 | I am sorry but I have a previous engagement for the day and have to decline your invitation. |
| せっかくご案内をいただきましたのに、仕事の都合で、どうしても出席できません。 | It was very kind of you to informing me, but I cannot attend the party due to my work. |
| 会のご成功をお祈りいたします。 | I hope the meeting is successful. |
| 次の機会にはぜひ参加させてください。 | Please let me participate on the next occasion. |
| これに懲りず、またご招待をいただければうれしく存じます。 | I will be glad if you forgive me and invite me again. |

# 依頼の手紙（１）
★買物などの依頼

**例文**

Dear Keith,

1　①Today, I am writing to you to ask a favor of you. ②As you know very well, I am crazy about the Major Leagues baseball in your country at present and an ardent New York Mets fan. I have almost all the books and magazines written about New York Mets and issued by Japanese publishers.

2　However, I think an enormous number of books relating to New York Mets are published in the United States, the home of baseball. ①So, I would like to ask you to send me some books written about the Mets that you recommend. ②Of course I will pay you back later.

3　①I will be very happy if you would grant my request. ②I am sorry to trouble you, but please take care of this affair for me. I thank you in advance for your cooperation.

　　　　　　　　　　　　　　　　　　　　Yours very truly,
　　　　　　　　　　　　　　　　　　　　Yoko Motohashi

## 覚えておきたい表現

favor＝（相手に求める）好意、願い
be crazy about～＝～に夢中である　　at present＝今は、目下のところ
ardent＝熱烈な　　almost＝ほとんど　　issue, publish＝出版する、発行する
publisher＝出版社　　an enormous number of＝膨大な数の
relating to～＝～に関する　　the home of～＝～の本場
pay back＝支払う、返済する　　price＝代金
later＝のちほど、あとで　　grant＝（願いなどを）聞き入れる
request＝願い、依頼　　in advance＝前もって、あらかじめ
cooperation＝協力

## さしかえ文例

### 1 -① まず依頼の手紙であることをことわる

お願いしたいことがあります。　　　I have a favor to ask of you.

**point!** 最初に依頼の手紙であることをはっきりとことわり、次にどういった依頼であるかを説明します。依頼の理由や目的についてもふれて、説得力のある文章にしましょう。

## ★依頼の手紙(1) 買物などの依頼

**対訳**

キース様

1. ①今日は、あなたにお願いがあってペンをとりました。②あなたもご存じのとおり、私は今あなたの国の大リーグに夢中で、ニューヨーク・メッツの熱烈なファンです。日本の出版社が出しているニューヨーク・メッツに関して書かれた本や雑誌は、ほとんど持っています。

2. しかしきっと、本場のアメリカでは、さらに膨大な数のニューヨーク・メッツに関する本が出版されていることでしょう。①そこでお願いなのですが、あなたがおすすめの、メッツについて詳しく書かれた本を送ってはいただけないでしょうか。②代金は、後で必ずお支払いいたします。

3. ①もし私のお願いをきいていただければ、大変にうれしく思います。②無理を申しますが、なにとぞよろしくお願いいたします。

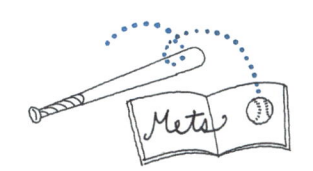

敬具
本橋陽子

---

| | |
|---|---|
| | I have a request to make of you. |
| | May I ask a favor of you? |
| 今日はぜひお願いしたいことがあって、この手紙を書いています。 | I am writing this letter to ask you a favor today. |
| あなたにお願いがあるのですが、きいていただけるでしょうか。 | Will you do me a favor?<br>Would you please grant my request? |

### 1-② 依頼の理由を説明する

| | |
|---|---|
| 私は以前から、世界中の古い切手を集めています。 | I have collected old stamps from all over the world for a long time. |

| | |
|---|---|
| 私はイギリスの探偵小説に興味があり、古書を蒐集しています。 | I have a great interest in English detective stories and I am collecting the old books. |

## 2-① 依頼の主旨を伝える

| | |
|---|---|
| あなたの国の古い切手を送っていただけませんか。 | Would you please send me some old stamps from your country? |
| あなたの国のファッション雑誌を何冊か送っていただきたいのですが。 | Would you send me some fashion magazines from your country? |
| 今、そちらで人気のある絵本を送ってほしいのです。 | I would like you to send me the most popular picture book in your place at present. |
| 同封した雑誌の切り抜きと同じ商品を、買って送っていただけないでしょうか。 | Could you buy and send me the same article as on the enclosed clipping of magazine? |

## 2-② 支払いやお礼などについて伝える

| | |
|---|---|
| こちらからも、最近発行されたばかりの日本の記念切手を送ります。 | I will send you in return some Japanese commemoration stamps lately issued. |
| 代金がいくらかかるか知らせてください。すぐに送金いたします。 | Please inform me how much it costs. I will immediately remit the money to you. |

## 3-① 依頼の気持ちを訴える

| | |
|---|---|
| 一生に一度のお願いです。 | This is the only request of my lifetime. |

| | |
|---|---|
| 私の願いを聞き入れてくださいましたら、非常に助かります。 | I would appreciate it if you could grant my request. |

### 3-② 依頼の手紙の結びの言葉

| | |
|---|---|
| お手数をおかけしますが、よろしくお願いいたします。 | I am sorry to cause you much trouble, but I will leave it to you. Thank you in advance for your cooperation. |
| 厚かましいお願いとは存じますが、なにとぞよろしくお願いします。 | I am afraid of asking you too much, but I leave it to your best judgment. I am looking forward to your cooperation. |

## 現地案内の依頼

| | |
|---|---|
| 私の友人に、ロンドンを案内していただけませんか。 | Would you please take my friend around the city of London? |
| 1日だけでけっこうですので、弟を市内観光に連れていってやってくれませんか。 | Would you take my brother to see the sights of the city just for one day? |
| もしご都合がよろしければ、トロント観光をご一緒していただけないでしょうか。 | If it will not be inconvenient for you, would you mind going sightseeing in the city of Toronto with me? |
| ご迷惑とは存じますが、ぜひグッゲンハイム美術館でのご案内をお願いいたします。 | I am sorry to trouble you, but I would like you to show me the Guggenheim Museum. |
| シンガポールの、あまり観光客の訪れない穴場を教えていただきたいのですが。 | Will you tell me some out-of-the-way places in Singapore that few tourists go to? |

★依頼の手紙(1) 買物などの依頼／現地案内の依頼

# 依頼の手紙（2）
★ペンフレンドの紹介の依頼

**例文**

Dear Kerry,

1　　How are you getting along these days? Today I am writing this letter to ask you a request.
　　One of my friends is looking for a penpal at present. Could you please introduce to her one of your friends who are interested in Japan and want to exchange letters with a Japanese woman?

2　　She is a good friend from childhood. Since she is a very honest woman she will never disappoint her pen-friend with some insincere manners. I can guarantee her character because we have known each other from childhood.

3　　She is fond of traveling and she majors in sociology at University. I enclose her pictures for reference. Well, I am looking forward to your reply.

All the best,
*Miyuki Miyano*

**覚えておきたい表現**

look for＝探す、求める　　good friend＝親友
disappoint＝失望させる　　insincere＝不誠実な
manner＝態度　　guarantee＝保証する　　character＝人柄、性格
from childhood＝幼い頃から　　be fond of〜＝〜が好きである
traveling＝旅行　　major in〜＝〜を専攻する　　enclose＝同封する
picture＝写真　　for reference＝参考までに

## さしかえ文例

### 1-① 依頼の理由を説明する

私の弟は、イギリスに関心があり、イギリス人の友だちを欲しがっています。

My younger brother is interested in the U. K. and wants to have some English friends.

**point!** 必要な情報をわかりやすく正確に伝えます。またどのような依頼であれ、相手に手間をとらせることになりますから、誠意のこもった丁寧な文章を書くようにしましょう。

## ★依頼の手紙(2) ペンフレンドの紹介の依頼

**対訳**

ケリー様

1　お元気ですか。今日は、あなたに頼みたいことがあって、この手紙を書いています。
　①現在、私の友人がペンフレンドを求めています。②あなたのお知りあいで、どなたか日本に興味があり、日本の女性と文通してみたいという方がいらっしゃいましたら、ぜひ紹介していただきたいのです。

2　①私とその友人とは幼なじみです。彼女はとても真面目な女性ですから、不誠実な態度で、相手を失望させることはないでしょう。それは、幼いころから彼女のことをよく知っている私が保証いたします。
　②彼女の趣味は旅行で、大学では社会学を専攻しています。

3　①参考までに、彼女の写真を同封しておきます。②それでは、あなたのお返事を楽しみにお待ちしております。

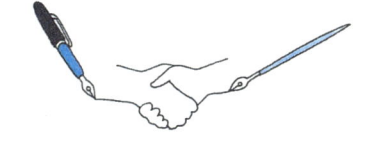

敬具
宮野みゆき

---

私の友だちで、あなたの国の人と文通したいという女性がいます。

I have a girl friend who wants to exchange letters with someone in your country.

### 1-② 依頼の主旨を伝える

私の友人と文通してくださるようなお知り合いはご存知ありませんか。

Do you have a friend who will be able to correspond with my friend?

---

私の妹と同世代で、文通を通じていい話相手になってくれるような方を知りませんか。

Do you know someone who is the same age as my younger sister and will be able to become her good friend through exchanging letters?

## 2-① 人柄について紹介する

| | |
|---|---|
| 彼は誠実な人柄で、決して約束を破ったりするようなことはありません。 | With his sincere character he never breaks his promise. |
| 私の弟は人を笑わせることが得意です。 | My younger brother is very good at setting the audience laughing. |
| 彼女は明るくとても活発です。 | She is cheerful and very lively. |

### 人柄をあらわす言葉

| | | | |
|---|---|---|---|
| 優しい | gentle, tender, | 聡明な | wise, intelligent |
| 親切な | kind, friendly | 素直な | obedient, gentle |
| 陽気な | cheerful, merry | 気さくな | franc, open-hearted |
| 誠実な | sincere, faithful | 社交的な | sociable |
| 勤勉な | diligent, industrious | 実直な | faithful, honest |

## 2-② 趣味などについて紹介する

| | |
|---|---|
| 彼女は映画鑑賞が趣味で、特にヨーロッパの古い映画がお気に入りだそうです。 | She is a big fan of movies and she especially loves old European movies. |
| 彼の趣味はスポーツ観戦で、特に野球の試合はよく観ているようです。 | He likes watching sports games, and he seems to go to baseball stadium quite often in particular. |

## 3-① 同封の資料等について説明する

| | |
|---|---|
| 同封のものは、彼女自身が書いた自己紹介とメッセージです。 | Enclosed are the self-introduction and the message letter written by her. |
| 彼女のプロフィールを詳しく書いたものを同封しています。 | I enclose her profile written in detail. |

## 3-② 依頼の手紙の結びの言葉

| | |
|---|---|
| 図々しいお願いですが、どうか力を貸してください。 | I am afraid of asking you too much, but I would like to beg your cooperation. |
| ご面倒をおかけしますが、なにとぞよろしくお願いいたします。 | I am sorry to trouble you, but please take care of it. |

### その他の紹介に関する依頼

| | |
|---|---|
| 私は来年語学を学ぶため、あなたの国に留学しようと思っています。 | I am going to study in your country to learn the foreign language next year. |
| どこか短期で学べる、よい語学学校をご存知ありませんか。 | Do you know a good language school where I can study intensively for a short term? |
| 私は、夏休みを利用して、オーストラリアでホームステイをしようと計画しています。 | I am planning to stay at a home in Australia during my summer vacation. |
| ホストファミリーとして、私を受け入れてくださるご家庭を紹介していただけるとありがたいのですが。 | It will be very nice of you if you would introduce a host family who can accept me. |
| 私はアメリカで、コンピューターの実務経験を生かした仕事をしたいと思っています。 | I hope to work in the United States making good use of my experience with computers. |
| 私の実力を生かせる仕事を探していただけないでしょうか。 | Would you please introduce to me a job where I can use my real ability? |
| 英語が堪能でない日本人でも、雇ってもらえるような職場を見つけてくださいませんか。 | Would you find a job suitable for a Japanese who is not good speaker of English? |

# 断りの手紙
★依頼や招待などに対する断り

**例文**

Dear Mr. Ashton,

1　　I was very glad to receive your letter after a long silence. And I am looking forward to seeing you when you visit Japan next month. ①I am sorry, but I have to refuse your request to stay at my house. ②We cannot prepare a room for your stay because my house is unfortunately under rebuilding now.

2　　①I am terribly sorry I cannot give you a favorable answer for your special request. ②However, I can recommend some low-priced hotels located in an area which has very convenient transportation. Please refer to the attached paper for details.

3　　①Naturally I wish we could receive and welcome you at our house, but please understand these circumstances.
　　②I am hoping that your trip will be very comfortable.

Yours sincerely,
*Rika Miwa*

**覚えておきたい表現**

after a long silence＝久しぶりの　　refuse＝断る
stay at〜＝〜に泊まる、〜に滞在する　　prepare a room＝部屋を用意する
unfortunately＝あいにく　　under rebuilding＝改築中
favorable answer＝色よい返事　　special request＝せっかくの依頼
recommend＝推薦する　　low-priced＝値段が安い　　located＝位置する
have convenient transportation＝交通の便が良い　　refer to〜＝〜を参考にする
attached paper＝別紙　　circumstances＝事情

## さしかえ文例

### 1-① 依頼に対してはっきりと断る

残念ですが、お断りさせていただきます。　　I am sorry but I should decline it.

申し訳ありませんが、今回はご容赦く　　I must apologize for my refusal this

**point!** 断りが不本意ながらであるということが伝われば、相手もあまり傷つきません。依頼するほうも勇気が必要だったはずです。思いやりをもって書くようにしましょう。

**対訳**

アシュトン様

1　ひさしぶりのあなたからのお手紙、大変うれしく受け取りました。また、来月日本にいらっしゃるとのこと、私もあなたとの再会が楽しみでなりません。①しかし、残念なことに、私の家でのご宿泊についてはお断りしなければなりません。②あいにく、わが家は現在改築中で、あなたに泊まっていただく部屋がないのです。

2　①せっかくのあなたからのお願いに、よいご返事ができず、本当に心苦しく思っております。②かわりに、私の知っている安くて、交通の便のよい場所にあるホテルを何軒かご紹介いたします。別紙を見てください。

3　①本来なら、わが家であなたをもてなしたいところなのですが、そういう事情ですので、どうかご了承いただければと思います。
②あなたの旅行が、快適なものになりますようお祈りしています。

敬具
三輪理香

★断りの手紙　依頼や招待などに対する断り

---

ください。 | time.

お力になりたいのはやまやまなのですが、今回はあなたのご期待に添えそうもありません。 | I wish I could help you, but I will not be able to answer your expectations this time.

## 1-② 断りの理由について説明する

八方手は尽くしてみたのですが、よい結果は得られませんでした。 | I tried to do everything I could, but I could not obtain good results.

どうしても来週は時間をつくることができないのです。 | I will not be able to spare you some time next week.

111

| | |
|---|---|
| 私には荷が重すぎるように思われます。 | It is too heavy for me. |
| いろいろ検討いたしましたが、金銭的に余裕がございません。 | Though I managed as far as I can, I am pressed for money. |
| あいにく当日はすでに予定が入っており、お引き受けすることができません。 | I am sorry, but I cannot accept it because of a previous appointment for that day. |
| このところ体調がすぐれず、お役目を充分に務められそうもありません。 | I am sorry to say that I will not be able to assume the role because I have not been in good condition these days. |

## 2-① お詫びを述べる

| | |
|---|---|
| せっかくご依頼いただきながら、お役に立つことができず、申し訳ありません。 | Please pardon me that I cannot be of service for your special request. |
| お役に立ちたいのはやまやまですが、事情をおくみとりのうえ、どうかお許しいただきたく存じます。 | I wish I could help you, but please take the circumstances into consideration and forgive me. |
| 心ならずもお断りしなければならない次第となり、本当に申し訳ありません。 | I beg your pardon that I have to refuse you in spite of myself. |

## 2-② 代替案を申し出る

| | |
|---|---|
| 私のかわりに、その役目にふさわしい友人をご紹介します。 | I introduce my friend who is more suitable for the role instead of me. |
| 私などよりずっと適当な人を知っているので、当たってみましょう。 | I will ask to my friend who is much more suitable than I. |

| | |
|---|---|
| ご相談くらいにはのれると思いますので、いつでもご連絡ください。 | As I will be glad to talk it over with you, you can get in touch with me any time you want. |
| 今週は無理ですが、次の週なら私も都合がつきそうです。 | Although it is impossible for this week, I will be able to find time to spare next week. |

### 3-① 相手に理解を求める

| | |
|---|---|
| このような事情でご期待にそうことはできかねますが、あしからずご了承ください。 | Please understand my circumstances that I cannot come up to your expectations. |
| どうぞお気を悪くなさいませんようお願い申し上げます。 | Please do not be offended.<br>Please do not lose your temper. |
| なにとぞご理解くださいますようお願い申し上げます。 | Please understand my situation. |

### 3-② 断りの手紙の結びの言葉

| | |
|---|---|
| また機会がございましたら、お声をかけていただければ幸いです。 | I would appreciate it if you would invite me on another occasion. |
| この件につきましては、以後お申し越しのございませんよう、よろしくお願い申し上げます。 | I hope you will never propose this subject again. |
| あなたの今後のご活躍を陰ながら応援しております。 | I am secretly expecting you to succeed. |
| あなたの成功を心から祈っております。 | I wish you great success. |

★断りの手紙　依頼や招待などに対する断り

# お詫びの手紙
★予定の変更や取り消しのお詫び

## 例文

Dear Mr. Wilson,

1  ①I am awfully sorry that I am forced to give up the trip to the United States next month. ②Please accept my sincere apology.

2  I was really looking forward to having a good time with your family on Christmas day. ①However I had a traffic accident on my way home from the travel agency the other day. I broke my left leg in that accident. So, I am writing this letter from my hospital bed.
②I will be very happy if I can visit your place in the spring vacation next year. I hope you will kindly take care of me if it is convenient for you.

3  ①I deeply regret to have troubled you after making various preparations for my reception because of this cancellation. ②Please give my best regards to your family.

Sincerely yours,
*Taro Agawa*

### 覚えておきたい表現

be awfully sorry＝とても残念である
be forced to〜＝〜せざるを得ない　　give up＝断念する、あきらめる
sincere apology＝心からの謝罪　　have a good time＝楽しく過ごす
meet a accident＝事故にあう　　on one's way home＝帰宅途中に
travel agency＝旅行代理店　　break one's leg＝脚を骨折する
take care of a person＝面倒を見る　　convenient＝都合の良い
regret＝残念に思う　　make preparations＝準備をする
reception＝歓迎　　cancellation＝取り消し

## さしかえ文例

### 1-① お詫びの原因を説明する

オーストラリア旅行の計画を取りやめなければならなくなりました。
I have to call off the plan to go to Australia.

まことに残念ですが、9月のロンドン
I am terribly sorry, but I have to put

> **point!** まずこちらの非を率直に謝りましょう。また、お詫びの原因となった事情をわかりやすく説明することも大切です。相手に不快感を与えないように注意して書きましょう。

## ★お詫びの手紙 予定の変更や取り消しのお詫び

### 対訳

ウィルソン様

1　①とても残念ですが、来月予定していたアメリカ旅行を中止せざるをえなくなってしまいました。②本当に申し訳ありません。

2　クリスマスをあなたのご家族と過ごせることを私も楽しみにしていました。①ところが先日、旅行代理店からの帰りに交通事故にあってしまったのです。左足を骨折してしまい、この手紙も病院のベッドの上で書いています。②来年の春休み頃にあらためて、そちらにうかがうことができればと思っています。もしあなたのご都合さえよろしければ、その際はどうぞよろしくお願いします。

3　①今回の中止によって、私のためにいろいろと歓迎の準備を進めてくださっていたあなたには、ご迷惑をおかけすることになりました。心からお詫びを申し上げます。②どうぞご家族の皆様にもよろしくお伝えください。

敬具
阿川太郎

| | |
|---|---|
| 訪問を延期しなければなりません。 | off going London in September. |
| 急な仕事が入り、あなたとの約束を履行できなくなってしまいました。 | I am sorry, but I cannot carry out the promise with you because of urgent business. |

### 1-② お詫びの言葉を述べる

| | |
|---|---|
| 本当にごめんなさい。 | I am terribly sorry. |
| どうぞお許しください。 | I beg your pardon.<br>Please forgive me. |
| ご迷惑をおかけしたことを深くお詫びいたします。 | I am awfully sorry for causing you so much trouble. |

115

## 2-① 事情について説明する

| | |
|---|---|
| 母が病気で入院してしまい、その看病をしなければなりません。 | I have to nurse my mother who entered hospital because of illness. |
| 私としたことが、ついうっかり日程を勘違いしてしまいました。 | I have misunderstood the schedule by mistake. |
| 実は、ここのところ体調がすぐれません。 | To tell the truth, I am not feeling well these days. |

## 2-② つぐないの気持ちを伝える

| | |
|---|---|
| 次回こそは、ぜひうかがわせていただきたく思っております。 | I am anxious to call on you next occasion. |
| この埋め合わせは、次回必ずさせていただきます。 | I will make up for this obligation next time. |

## 3-① 相手への迷惑について考える

| | |
|---|---|
| 私のためにご面倒をおかけすることになりました。 | I am sorry to have given you so much trouble. |
| 急な予定の変更で、あなたも戸惑われたことと存じます。 | You must be perplexed by the sudden change of schedule. |
| どのような厳しいお叱りも甘んじて受ける覚悟でおります。 | I am prepared to submit myself to the scolding no matter how severe it is. |

## 3-② お詫びの手紙の結びの言葉

| | |
|---|---|
| 重ねて失礼をお詫びいたします。 | I apologize to you once again. |

| | |
|---|---|
| どうかまたの機会をお与えいただけますようお願い申し上げます。 | I very sincerely wish you to give me another opportunity. |

## その他のお詫び

| | |
|---|---|
| 長い間お手紙を差し上げなくて、ごめんなさい。 | I am sorry that I have not written to you for so long.<br>It has been a long time since we have been in touch. |
| お返事が遅くなってしまい、申し訳ありませんでした。 | I am very sorry that my reply is late. |
| あなたの本を長い間借りっぱなしで、すみませんでした。 | I must apologize to you for not returning your book for a long time. |
| あなたのご親切に対してお礼が遅れましたこと、どうかお許しください。 | Please forgive me for taking so long to express my thanks for your kindness. |
| なんとしても償いたいと思っています。 | I want to make it up to you at any cost. |
| 弁解の余地なしです。 | There is no excuse for my conduct. |
| 私の過失であったことを率直に認めます。 | I honestly admit that it was my fault. |
| このような過ちは、もう二度としません。 | I will never make such a mistake again. |
| 今後、絶対にあなたの信頼を傷つけないように努力いたします。 | I will try hard never to ruin your confidence from now on. |

★お詫びの手紙　予定の変更や取り消しのお詫び／その他のお詫び

# お悔やみの手紙
★遺族へのお悔やみ

## 例文

Dear Mrs. MacManara,

1. ①I was very much surprised to hear the sudden passing of Mr. MacManara. Please accept my deepest condolences in your loss.

2. ①He looked after me with parental care when I was studying in the United States. He often tried to make me laugh with his good sense of wit when I felt depressed on homesick. ②I really regret that I could not repay his favor.

3. ①I cannot find the words to comfort you who have lost the most wonderful husband. ②I hope you will recover from your grief very soon. And please let me know if there is anything I can do for you. I shall pray for the repose of Mr. MacManara's soul.

Very cordially yours,
Hisako Nakagami

### 覚えておきたい表現

sudden passing＝突然の死
condolences＝お悔やみ、哀悼　　look after～＝～の面倒を見る
with parental care＝親身になって　　make a person laugh＝～を笑わせる
good sense of wit＝得意のジョーク　　feel depressed＝気分が沈む
homesick＝ホームシック　　repay a person's favor＝恩返しをする
comfort＝慰め　　husband＝夫　　recover from～＝～から立ち直る
grief＝深い悲しみ　　repose＝安らぎ　　soul＝魂

## さしかえ文例

### 1 - ① 訃報に接しての驚きを伝える

お父様がご逝去との報に接しまして、あまりに突然のことに言葉を失ってしまいます。

I have no words to express my sorrow on hearing of the sudden death of your father.

**point!** 遺族への思いやりが何より大切です。相手の悲しみを深くしないよう言葉を慎重に選んで使うようにします。あまりおおげさでなく、誠意の伝わる文面を心がけましょう。

## ★お悔やみの手紙 遺族へのお悔やみ

**対訳**

マクマナラ夫人へ

1　①マクマナラさんの突然の訃報に接し、大変に驚きました。②心からお悔やみを申し上げます。

2　①マクマナラさんは、私がアメリカで留学生活をしていたとき、親身になって面倒をみてくださいました。ホームシックにかかって沈んでいた私を、お得意のジョークでよく笑わせてくれたものです。②きちんとした恩返しを何もできなかったことが、悔やまれます。

3　①すばらしいご主人を亡くされたあなたに、何と言ってお慰めの言葉をおかけしたらよいかわかりません。②どうぞ一日も早くこの悲しみから立ち直られますよう、私でお力になれることがございましたら、どうかお知らせください。
マクマナラさんのご冥福をお祈りいたします。

敬具
中上久子

| | |
|---|---|
| お母様がお亡くなりになったとお聞きして、しばらく呆然といたしました。 | On hearing of your mother's passing away I stood there in dumb surprise for a while. |
| お母様がお亡くなりになったなんて、いまだ信じられません。 | I cannot think of your mother's passing as true.<br>I cannot believe that your mother had passed away. |
| あなたのおばあさまのご逝去の知らせに、わが耳を疑いました。 | I could hardly believe my ears at the news that your grandmother had passed away. |

## 1-② お悔やみを述べる

| | |
|---|---|
| 心からお悔やみを申し上げます。 | Please accept my heartfelt sympathy. |
| たいへんにお気の毒なことでした。 | I am very sorry to hear about your loss. |

## 2-① 故人の人柄や思い出などについて語る

| | |
|---|---|
| 彼ほど親切で心優しい人物を私は知りません。 | I do not know anyone more gentle and tender than he. |
| 彼女との思い出は、私の一生の宝物となることでしょう。 | The memories with her will become my dearest treasure as long as I live. |
| 彼との楽しい会話が、昨日のことのように思い出されます。 | I remember the joyful conversation with him as if it happened yesterday. |
| 彼は私の友人の中でも最も信頼のおける人でした。 | He was the most dependable of my friends. |
| 彼女のご恩は、いつまでも決して忘れません。 | I will never forget her kindness. |
| 彼女は、誰からも愛されるすばらしい女性でした。 | She was a great woman who was loved by everybody. |

## 2-② 故人を惜しむ

| | |
|---|---|
| 私も深い悲しみにとらえられております。 | My heart is filled with sorrow. I am in deep grief. |
| 彼の早すぎる死を嘆かざるをえません。 | I cannot help grieving over his untimely passing. |

★お悔やみの手紙　遺族へのお悔やみ

| | |
|---|---|
| 彼の死は私たちにとっても取りかえしのつかない大きな損失です。 | His passing is a great loss that cannot be compensated. |
| 彼とはもっとゆっくりとお話をしておきたかったと思います。 | I wish I had talked with him much more. |
| 彼女とは今年の夏にはお会いできるはずでしたのに残念でなりません。 | I am very sorry that I should have seen her this summer. |
| 今年こそはご恩返しをと思っておりましたが、果たせませんでした。 | I could not repay his favor though I had been planning to realize it this year. |

## 3-① 相手を慰め励ます

| | |
|---|---|
| これからの将来が楽しみなお子さんでしたのに、あなたもどれほど悔しい思いをされていることでしょう。 | How much you regret having lost your child who was hopeful for the future! |
| あなたのご落胆を思いますと、慰めの言葉も見つかりません。 | I cannot find any words of comfort for your disappointment. |
| あなたの深い悲しみは、私にも痛いほどわかります。 | I keenly felt your deep grief. |
| どうお慰めしてよいかわかりません。 | I cannot find any words of comfort to you. |
| あなた自身のご健康にも、どうか十分なご配慮をお願い申し上げます。 | Please take good care of your health. |
| お嘆きのあまりおからだをこわされませんようお祈りいたしております。 | I hope you don't become sick because of your deep grief. |
| あなたの悲しみの深さはいかばかりか | I deeply sympathize with how much |

| | |
|---|---|
| と拝察申し上げます。 | you felt sorrow. |
| これから先もずっとあなたのお力になりたいと思っています。 | I would like to help you for ever after. |
| あなたの悲しみを癒すために、何か少しでも私にできることがあれば教えてください。 | Please tell me what I can do in order to heal your grief. |
| あなたがこの悲しみを乗り越えてくださるようお祈りしています。 | I wish you to overcome this sadness. |
| お母様もきっとあなたのことを天国から見守っていてくれるでしょう。 | I am sure that your mother will intently look at you from Heaven. |
| 時があなたの心を癒してくれるはずです。 | It is certain that time will heal your grief. |

## 3-② お悔やみの手紙の結びの言葉

| | |
|---|---|
| 衷心よりお悔やみ申し上げます。 | I hope you will accept my sincere condolences. |
| 私たち家族を代表して、心から哀悼の意を表します。 | Please accept my sincere condolences on behalf of our family. |
| 彼女の魂の安らかであらんことをお祈りいたします。 | May she rest in peace. |

# PART 4

## いきなりでも大丈夫
## はじめて出す手紙

はじめての相手への自己紹介や、
ファンレター、ラブレターの文例を紹介します。

自己紹介の手紙
日本の文化を紹介する
ファンレター
ラブレター

# 自己紹介の手紙（１）
★知人からの紹介相手へ

**例文**

Dear Mr. Smith,

1   ①It is for the first time I write a letter to you. I am a 20-year-old man named Hiroshi Kanda. ②Mr. Gabriel Drake, one of my university fellows, gave me your name and address because I was looking for an American penpal. ③I will be very pleased if you would be my pen-friend. May I write to you once in a while?

2   ①Let me introduce myself. ②I am a university student living in Tokyo. ③My favorite hobbies are seeing movies and reading. Do you have any hobbies?

3   ①I will be really happy if you would write a letter to me. ②I do not want to give you too much trouble, but I hope we would become good penpals. ③I am looking forward to your answer.

Sincerely yours,
*Hiroshi Kanda*

### 覚えておきたい表現

for the first time＝初めて
university fellow＝大学の友人　　look for～＝探す
penpal (pen-friend)＝文通友だち　　be pleased＝うれしい
May I～＝～してもいいですか　　once in a while＝ときどき
let me～＝～させて下さい　　introduce myself＝自己紹介をする
give a person trouble＝人に迷惑をかける
be looking forward to～＝楽しみにして待つ

## さしかえ文例

### 1-① はじめての手紙であることをことわる

はじめまして。　　　　　　　　How do you do?

突然のお手紙をお許しください。　　Please allow me to write to you without permission.

> **point!** はじめての手紙は、ごく基本的な文章で、簡潔にまとめるようにします。性別は明記したほうがよいでしょう。名前だけでは、相手にわかってもらえないかもしれません。

## ★自己紹介の手紙(1) 知人からの紹介相手へ

**対訳**

親愛なるスミス様

1. ①はじめてお便りいたします。私は20歳の男性で、神田裕と申します。②私は大学で知り合ったガブリエル・ドレイクさんから、あなたのご住所を教えていただきました。私がアメリカ人のペンパルを探していたからです。③もしも文通相手になっていただければ、とてもうれしく思います。これから時々、手紙を出させていただいてもよろしいでしょうか。

2. ①私の自己紹介をいたします。②私は東京に住む大学生です。③趣味は、映画と読書です。あなたは何か趣味をおもちでしょうか。

3. もしあなたがお返事をくだされば、大変うれしいのですが。①あまりご負担をかけたくはありませんが、私たちがよいペンパルになれることを願っています。②お便りいただけるのを楽しみに待っています。

敬具

神田裕

### 1-② 相手を知ったいきさつを述べる

| | |
|---|---|
| クラスメートで留学生のドレイクさんが、あなたを紹介してくれたのです。 | Mr. Drake, a foreign student studying in Japan and one of my classmates, introduced you to me. |
| 英会話のトンプソン先生の紹介で、あなたに手紙を書いています。 | I am writing to you through the introduction of Mr. Thompson, my English conversation teacher. |

### 1-③ 用件を伝える

| | |
|---|---|
| 私のペンパルになってもらえませんか。 | Would you please become my penpal? |

| 私と文通をしてくださるなら、ありがたいのですが。 | I would be much obliged to you if you can exchange letters with me. |
|---|---|

## 2-① 自己紹介をする

| 簡単な自己紹介をします。 | I will give you a brief self-introduction. |
|---|---|
| 自己紹介をさせてください。 | Please let me introduce myself. |

## 2-② 身分や性別などについて述べる

| 私は高校生になったばかりの女子です。 | I have just become a high school girl. |
|---|---|
| 私は文学を専攻する大学生です。 | I am a university student majoring in literature. |

### 身分をあらわす言葉

| 小学生 | schoolboy (schoolgirl) | 会社員 | office worker |
|---|---|---|---|
| 高校生 | high school student | 会社経営者 | proprietor |
| 専門学校生 | vocational school student | フリーター | part-time worker |
| 大学院生 | graduate student | | |

## 2-③ 趣味について述べる

| 私の趣味について書きます。 | I will talk about my hobbies. |
|---|---|
| 鉄道模型の製作が私の趣味です。 | My favorite hobby is making railroad models. |
| 私が興味をもっているのは、サッカー観戦です。 | I am interested in watching football games. |
| 私はギターを弾くのが得意です。 | I am good at playing guitar. |

### 趣味をあらわす言葉

|  |  |  |  |
|---|---|---|---|
| テニスをすること | playing tennis | 読書 | reading |
| 野球を観ること | watching baseball games | 魚釣り | fishing |
| | | ドライブ | driving |
| 映画を観ること | seeing movies | 絵を描くこと | drawing |
| 音楽を聴くこと | listening to music | 写真を撮ること | taking pictures |
| ピアノを弾くこと | playing piano | | |

## 3-① 控えめにお願いをする

無理にとは言いませんので、お願いいたします。

I do not want to ask you too much, but I really hope to be your pen-friend.

## 3-② はじめての手紙の結びの言葉

お返事をいただけましたら幸いです。

I will be very happy to have your reply.

---

お便りを待っています。

I hope to hear from you soon.

---

もし差し支えなければ、お返事をください。

Please write a letter to me if you have no objection.

---

**アドバイス**

### 「趣味」をあらわす言葉

「趣味」をあらわす言葉には、いくつかの種類があります。
**hobby** は能動的な意味合いが強く、持続的に何かについて研究したり、収集したり、習練したりして水準の向上を目指すもので、芸術の創作やスポーツなどが含まれます。**interest**という語もほぼ同義です。
**pastime**や**recreation**は、特別な目的はなく、余暇を楽しく過ごすための気晴らしになるすべての行為を指します。ゲームやドライブなど一過性の娯楽的なものです。
例えば野球を見るのは**pastime**で、野球をするのは**hobby**になります。
なお、「センスが良い」という意味での「趣味」は**taste**です。

★自己紹介の手紙(1) 知人からの紹介相手へ

# 自己紹介の手紙（２）
★紹介機関を通じて知った相手へ

## 例文

**1**
Dear Miss Wales,

　How do you do? My name is Momoko Takai. I am a member of International Penpal Club. I have cherished a desire to exchange letters with an American woman of the same age who lives in the U.S. It will be so nice if you would be my penpal.

**2**
　First of all I would like to introduce myself. I am 22 years old. I am an administrative assistant working at an insurance company in Osaka. I conduct office routine operating a computer every day. One year has passed since I started working. My hair color is originally black but dyed brown. I usually wear contact lenses because I do not like wearing glasses. My character is very open and sociable. My family members are my parents and a younger brother who is a high school student.

**3**
　Would you please write to me if it is not too much trouble. I am curious to learn more about you. I am looking forward to your letter.

　　　　　　　　　　　　　　　　　Yours truly,
　　　　　　　　　　　　　　　　　Momoko Takai

## 覚えておきたい表現

cherish＝心にいだく
exchange letters with〜＝〜と文通する　　first of all＝まず初めに
I would like to〜＝〜させて下さい　　administrative assistant＝事務員
office routine＝事務　　since〜＝（時間的に）〜してから
originally＝元は　　sociable＝社交的な
Would you please〜＝〜していただけませんか
be curious to learn about〜＝〜について知りたい

## さしかえ文例

### 1-① 相手を知ったいきさつを述べる

雑誌の文通欄であなたのことを知りま　　I got your name from the penpal

> **point!** はじめての手紙で、自己紹介をする場合、あまりネガティブなことは書かないほうが無難です。こちらとしては謙遜しているつもりでも、相手には伝わらないこともあるので気をつけましょう。

## ★自己紹介の手紙(2) 紹介機関を通じて知った相手へ

**対訳**

ウェルズ様

1. はじめまして。私は高井桃子といいます。①国際ペンパル・クラブの会員です。②私は、アメリカに住む同年代の女性と文通をしたいと思っていました。もしもあなたが私の文通相手になってくださったなら、大変にうれしいです。

2. まず、私の自己紹介をさせてください。私の年齢は22歳です。①大阪の保険会社に勤める事務員です。毎日、コンピュータを使って デスク・ワークをしています。社会人になってから1年が経ちました。②私の髪の色は黒ですが、茶色に染めています。メガネをかけるのは好きではないので、コンタクト・レンズを使っています。③性格はとても社交的です。④家族は、父と母、それに高校生の弟がいます。

3. もしも差し支えがなければ、お返事をいただけませんか。あなたのことがいろいろ知りたいのです。①お便りを楽しみに待っています。

敬具
高井桃子

---

| | |
|---|---|
| した。 | column of a magazine. |
| あなたのことは新聞で知りました。 | I got your name from the newspaper. |

### 1-② 手紙を書いた動機を伝える

| | |
|---|---|
| 手紙を通じて友人になってくれる人を探してします。 | I am looking for a person who will be my friend exchanging letters. |
| 外国のペンフレンドをもちたいと、これまでずっと思ってきました。 | I have been longing to get a foreign pen-friend. |

## 2-① 自分の職業について述べる

| | |
|---|---|
| 私は図書館に勤める司書です。 | I am a librarian working at a library. |
| 私の職業は生命保険会社の外交員です。 | My occupation is a saleswoman for a life insurance company. |
| 私は自動車工場で働いています。 | I am working at an automobile plant. |
| 塾で中学生に英語を教えています。 | I teach English to junior high school students at a private school. |

### 職業をあらわす言葉

| | | | |
|---|---|---|---|
| 秘書 | executive secretary | 地方公務員 | local public officer |
| 販売員 | salesperson | 農家 | farmer |
| 会計士 | accountant | コンピュータ技師 | computer engineer |
| 工員 | factory worker | 翻訳家 | translator |
| 主婦 | housewife | 美容師 | hairdresser |
| 建築家 | architect | 営業マン | businessman |

## 2-② 自分の容姿について伝える

| | |
|---|---|
| 髪型はロング・ヘアにしています。 | I wear my hair long. |
| 太り気味なので悩んでいます。 | I am worried about becoming a little fat. |
| 私の身長は5フィート3インチです。<br>(1フィートは約30.48センチ、1インチは2.54センチ) | I am 5 feet 3 inches tall. |
| 日本人にしては背が高いほうです。 | I am rather tall for a Japanese. |

### 容姿をあらわす言葉

| | | | |
|---|---|---|---|
| くせ毛 | frizzy hair | やせ型 | slim |
| 短髪 | short hair | 背が低い | small |
| 中肉中背 | medium-sized | 髭を生やしている | bearded |

## 2-③ 自分の性格について述べる

| | |
|---|---|
| 自分でも、私はおっとりとした楽天家だと思います。 | I find my character quiet and happy-go-lucky. |
| 私は人づき合いがあまり上手ではありません。 | I am not a good mixer. |
| 私は少し恥ずかしがり屋です。 | I am a little bit shy. |

### 性格をあらわす言葉

| | | | |
|---|---|---|---|
| まじめな | honest | 神経質な | nervous |
| 内向的な | introversive | 気が強い | strong-minded |
| 明るい | cheerful | 率直な | frank |
| 愛想がよい | agreeable | 几帳面な | methodical |
| 温厚な | gentle | 飽きっぽい | capricious |

## 2-④ 家族について説明する

| | |
|---|---|
| 2歳下の妹がいます | I have a sister who is two years younger. |
| 祖父母と同居しています。 | I live with my grandparents. |
| 8人の大家族です。 | I have a big family of 8 people. |

## 3-① はじめての手紙の結びの言葉

| | |
|---|---|
| もしよろしければ、お返事をください。 | If you would like to, please write to me. |
| 心からあなたのお返事をお待ちしています。 | I am heartily looking forward to your reply. |

★ 自己紹介の手紙(2) 紹介機関を通じて知った相手へ

# 日本の文化を紹介する（１）
★日本の風習などについて

## 例文

**1**　Dear Mr. Wales,

　①I was very glad to receive your letter.  Your quick response gave me a happy surprise. ②Well, today, I will write about the New Year in Japan.

**2**　　We celebrate the New Year for the first three days of a new year calling them "Oshogatsu." ①During these days many people make their first pilgrimage to the shrine in order to pray for their good health and happiness in the coming year. ②We also exchange New Year greeting cards called "Nengajo" with many friends and acquaintances to wish each other a happy New Year. It is just like the custom of exchanging Christmas cards in your country.

**3**　　①For the next time, please tell me about how you celebrate the New Year in your country. ②And please let me know about what subject of my country you would like to hear more. It will be my pleasure to answer to your questions. So, I am looking forward to your reply.

　　　　　　　　　　　　　　　　　　　Yours sincerely,
　　　　　　　　　　　　　　　　　　　*Keita Murata*

### 覚えておきたい表現

be glad to～＝～してうれしい
happy surprise＝うれしい驚き　　celebrate＝祝う
in order to～＝～するために　　exchange cards＝カードをやりとりする
acquaintance＝知人　　just like～＝ちょうど～のような
let me know＝私に知らせる　　hear more about～＝～についてもっと知る
it is my pleasure to～＝喜んで～する

## さしかえ文例

### 1 -① 返事をもらったことへのお礼の気持ちを伝える

あなたからのお返事を受け取り、心から喜んでいます。　　It was really nice hearing from you.

**point!** 外国の人たちは、日本のことを、中国や韓国と混同しているケースが少なくありません。また、伝統文化などより、日常の暮らしぶりを伝えるほうが、相手に驚いてもらえることも多いでしょう。

★日本の文化を紹介する(1)　日本の風習などについて

**対訳**

ウェルズ様

1　①あなたからの手紙を大変うれしく受け取りました。お返事が早かったので驚いています。②さて、今日は日本のお正月について書きましょう。

2　私たちは新年のはじめの3日間を「お正月」と呼んで、お祝いをします。①お正月には、たくさんの人が初詣をします。神社へ行き、神様に一年の無事を祈るのです。②また、お正月には「年賀状」を交換します。友人や知人に葉書きを出して、新年のあいさつを交わします。あなたの国のクリスマス・カードにあたる習慣かもしれませんね。

3　①次回はぜひ、あなたの国の新年の過ごし方について教えてください。②あなたも私の国について、他に何か知りたいことがあればお知らせください。喜んでご質問にお答えします。お返事をお待ちしております。

敬具
村田圭太

| | |
|---|---|
| お返事を書いてくださって、ご親切にありがとう。 | Thank you very much for your kind letter. |

## 1-② これから何について説明するのかを述べる

| | |
|---|---|
| この手紙では、日本語についてお話ししましょう。 | In this letter, I would like to tell you about the Japanese language. |
| 今回は、日本の食事についてお話ししたいと思います。 | At this time, I am going to talk about Japanese food. |
| 最初に、日本の人々の一般的な暮ら | At first, I will write about the living |

133

| | |
|---|---|
| ぶりについて書きましょう。 | manner of popular Japanese. |

## 2-① 日本の風習などについて述べる

| | |
|---|---|
| 日本語には、「漢字」「ひらがな」「かたかな」という3種類の文字があります。 | The Japanese language has three types of character : "kanji" (Chinese character), "hiragana" and "katakana." |
| 日本では　日本料理だけでなく、西洋、インド、中国など世界中の料理を食べます。 | In Japan, we ordinarily eat not only Japanese food but also various dishes from all over the world such as Western, Indian or Chinese dishes. |
| 今の日本では、日常で、伝統的な衣装である「着物」を着る人はほとんどいません。 | In Japan today, few people wear "kimono", Japanese traditional costume, in their daily life. |

### 日本の風習をあらわす言葉

| | |
|---|---|
| 晴れ着を着る　　dress up in the best clothes | こいのぼりをたてる　　hoist carp-shaped streamers at the Boys Festival |
| 初詣に行く　　make the first pilgrimage of the year | 墓参りをする　　visit family graves |
| 年始の挨拶をする　　exchange New Year's greetings | 花火で遊ぶ　　enjoy with fireworks |
| 凧を揚げる　　fly a kite | お餅を食べる　　eat rice cakes |
| 豆を撒く　　throw parched beans | 年越し蕎麦を食べる　　eat buckwheat noodles on New Year's Eve |
| ひな人形をかざる　　display a set of dolls at the Girls Festival | 紅葉狩りをする　　go to see the autumn maples |

## 2-② より詳しく説明する

| | |
|---|---|
| 「てんぷら」「すきやき」「刺し身」「寿司」は、日本の代表的な料理です。 | "Tempra," "sukiyaki," "sashimi" and "sushi" are typical Japanese dishes. |
| 奈良や京都には、たくさんの古いお寺 | There are a lot of old temples and |

| | |
|---|---|
| や神社があります。 | shrines in Nara and Kyoto. |
| 私の住む東京は、日本の首都で、政治、経済、文化の中心地です。 | Tokyo where I live, is the capital of Japan and center of politics, economy and culture. |
| 日本の家に入るときは、玄関で靴を脱がなければなりません。 | To enter into a Japanese house we have to take off our shoes in the entrance hall. |
| 4月になり、桜が満開になると、人々は桜の木の下で「お花見」と呼ばれるパーティーをします。 | Early in April, when cherry trees burst into bloom, many people enjoy their own flower-viewing party called "Ohanami" under cherry blossom. |

## 3-① 手紙を次回につなげる

| | |
|---|---|
| 次回は、日本のスポーツについてお話したいと思います。 | Next time, I would like to tell you about Japanese sports. |
| 次の手紙で、あなたの国の風習を聞かせてもらえるのが楽しみです。 | In your next letter, I expect you will tell me about the custom peculiar to your country. |

## 3-② 相手への質問やこちらの希望などを伝える

| | |
|---|---|
| イギリスではどのようにクリスマスを祝いますか。 | How do you celebrate Christmas in the U.K.? |
| あなたの住む地方では、雪は降りますか。 | Do you have snow falling in your district? |
| ぜひアメリカの人々の暮らしぶりについても教えてください。 | Be sure to tell me about how American people live. |

★日本の文化を紹介する(1)　日本の風習などについて

# 日本の文化を紹介する（2）
★伝統文化などについて

## 例文

Dear Mr. Cambell,

1　①Thank you so much for your kind letter. I understood you want to learn about Japanese traditional culture. ②Since I had an opportunity to watch kabuki the other day, I will write about it.

2　①Kabuki is one of the most famous Japanese traditional art performances. It is a sort of a theatrical performance made up of words, songs and dance to the instrumental accompaniment. ②In kabuki drama, players act with exaggerated gestures wearing gorgeous costumes and special make-up. ③However, my younger brother has watched kabuki only on TV. Few people of the younger generation are interested in kabuki.

3　①Besides, we have many other traditional arts in Japan. I will write about them in the next letter. ②Please tell me about the traditional culture of your country. So much for now. So long!

Sincerely,
*Shojiro Ukita*

### 覚えておきたい表現

Since～＝（文頭で）～なので
have an opportunity to～＝～する機会がある　　the other day＝先日
a sort of～＝一種の～　　exaggerated＝大袈裟な　　gorgeous＝豪華な
watch on TV＝テレビで見る　　few people～＝～の人はほとんどいない
be interested in～＝～に興味がある　　besides＝その他に
so much for now＝今のところそれだけ

## さしかえ文例

### 1-① 返事をもらったことへのお礼の気持ちを伝える

ていねいなお手紙をいただいて、感激しています。 | I am very grateful for your cordial letter.

> **point!** 日本古来の芸能・芸術などを説明する場合は、自分でも勉強して、正しい知識を伝えるよう心がけます。また、英語にはない用語も多くあります。スペルを正確に書くようにしましょう。

## ★日本の文化を紹介する(2) 伝統文化などについて

**対訳**

キャンベル様

**1** ①お手紙ありがとうございました。日本の伝統文化について、お知りになりたいとのこと。②先日、私は歌舞伎を観てきましたので、それについて書きます。

**2** ①歌舞伎は、最も有名な日本の伝統芸能の一つです。歌舞伎は、歌、踊り、楽器の演奏と一緒に演じられる演劇です。②独特の化粧をして、美しい衣裳をまとった役者が、大袈裟なしぐさで役を演じます。③しかし、私の弟などは、テレビでしか歌舞伎を見たことがありません。若い世代では関心のない人がほとんどです。

**3** ①この他にも、日本にはさまざまな伝統芸能があります。それらについては次の手紙で書くことにしましょう。②あなたも、あなたの国の伝統文化について教えてください。それでは、また。

敬具
浮田庄次郎

| | |
|---|---|
| あなたからお返事をいただけて、とても幸せです。 | I am exceedingly happy to receive your reply. |

### 1-② 身近なところから話をはじめる

| | |
|---|---|
| 私は週に一度、生け花の教室に通っています。 | I am learning flower arrangement at the Ikebana school once a week. |
| 私はいま、空手を習いはじめたところです。 | I just started to learn karate. |
| 今日、私はテレビで能を観ました。 | I watched Noh drama on TV today. |

## 2-① 日本の伝統文化などについて述べる

| | |
|---|---|
| 相撲は、日本の国技です。 | Sumo wrestling is the national sport of Japan. |
| 日本では、お茶やお花を習う女性も、まだかなりいます。 | There are still many women who learn the tea ceremony and the art of flower arrangement in Japan. |
| 日本の小学校では書道の授業があります。 | In Japan we have calligraphic lessons in elementary school. |

### 伝統文化をあらわす言葉

| | | | |
|---|---|---|---|
| 盆踊りを踊る | dance for the Bon Festival | 歌舞伎を楽しむ | enjoy a kabuki performance |
| お茶をたてる | make tea | カラオケで演歌を歌う | sing popular songs to karaoke |
| 相撲をとる | wrestle with(a person) | 書を書く | write calligraphies with brush |
| 俳句を詠む | compose a haiku | | |
| 謡を吟じる | recite from a Noh text | | |

## 2-② より詳しく説明する

| | |
|---|---|
| 能を演じる役者の動きは、大変にゆっくりとしていて、神秘的です。 | In Noh drama the movement of players is extremely slow and mysterious. |
| 華道は生きた花を使って、宇宙との調和を表現する芸術です。 | The flower arrangement is a kind of art representing the harmony with the universe using fresh flowers. |
| 浮世絵は、ゴッホにも大きな影響を与えました。 | Ukiyoe caused given a big impact on Vincent van Gogh. |
| 茶道は、仏教の「禅」から大きな影響を受けています。 | The tea ceremony was greatly influenced by Zen Buddhism |

| | |
|---|---|
| 柔道では、帯の色で、段位をあらわします。 | In Judo, the color of belt represents the player's grade. |

## 2-③ 伝統文化をめぐる状況について知らせる

| | |
|---|---|
| 相撲はかつてほどは人気がありません。 | Sumo wrestling is not as popular as it used to be. |
| 現代の日本の多くの家庭では、華道や茶道は日常生活に生かされていません。 | In many modern Japanese families, the art of flower arrangement and the tea ceremony are not alive in everyday life. |
| 剣道を習っている子どもはたくさんいますが、現代の日本に忍者などはいません。 | No matter how many children learn kendo, no more ninja exist today. |

## 3-① 手紙を次回につなげる

| | |
|---|---|
| 次回は、日本のアニメについて詳しく書くつもりです。 | Next time, I will write in detail about Japanese animations. |
| 次の手紙でもまた、アメリカのポップスについて詳しく教えてくださいね。 | In your following letter, please give me more information about American Pops. |

## 3-② 日本の文化を紹介する手紙の結びの言葉

| | |
|---|---|
| いつかあなたが日本に来られる日を心待ちにしています。 | I am looking forward to your visit to Japan someday. |
| 日本の絵はがきを数枚、同封いたします。 | I enclose Japanese postcards herewith. |

★日本の文化を紹介する(2) 伝統文化などについて

# ファンレター（1）
★ミュージシャン・俳優などへ

### 例文

Mr. Chris Spedding,

1　①I am a fan of yours living in Japan. Of course I have all of your albums. ②Everyone of your albums impressed me enormously.

2　Five years have passed since I started to play the guitar. ①It would be very nice if I could make a guitar session with you someday. That is my dream for the future. ②And I am hoping that your concert will come to in Japan very soon.

3　Lastly, though I do not want to trouble you too much, I would like to ask a favor of you. ①If you do not mind, please write a reply to me. If you will send me a letter, it would certainly become the dearest treasure of my lifetime. ②I wish you further success from a distant country.

With all my heart,
*Ippei Kawahashi*

### 覚えておきたい表現

fan＝ファン　album＝アルバム、曲集　number＝曲目　enormously＝非常に　play the guitar＝ギターを弾く　session＝セッション、二人以上の共演　very soon＝できるだけ早く　lastly＝最後に　mind＝嫌がる　certainly＝きっと　dearest＝とても大切な　treasure＝宝物　of one's lifetime＝一生の　further＝さらなる　distant＝遠く離れた

## さしかえ文例

### 1-① ファンであることを相手に告げる

私は、ロックの大好きな19歳の日本人の男性です。

I am a 19-year-old Japanese man who adores rock and roll.

> **point!** ファンレターの山のなかで、あなたが相手の心をとらえるためには、平凡でない、印象的な内容を盛り込むことが大切です。ユーモアのある楽しい手紙を書きましょう。

## ★ファンレター(1) ミュージシャン・俳優などへ

**対訳**

クリス・スペディング様

**1** ①私は日本に住むあなたのファンです。もちろん、あなたのアルバムはすべて持っています。②あなたのどのアルバムのどの曲も、私に深い感銘を与えます。

**2** 私もギターを演奏するようになって5年が経ちます。①いつかあなたとギターのセッションができたら、どんなにすばらしいでしょう。それが私の将来の夢です。
②そして私は、あなたの日本での公演が一日でも早く実現することを心から願っています。

**3** ①最後に、無理を承知でお願いします。もしよろしければ、お返事をいただけないでしょうか。もし本当にお返事をいただけたら、きっとそれは私の一生の宝物となるでしょう。
②あなたのさらなるご活躍を遠い日本からお祈りしています。

心をこめて
川橋一平

| | |
|---|---|
| 私は、十数年来のあなたの大ファンです。 | I have been a big fan of yours for more than ten years. |
| 私は、あなたのデビュー当時からの熱狂的なファンです。 | I have been an ardent fan of you since you made your debut. |
| 今日は日本にもあなたの熱心なファンがいることを知っていただきたく、ペンをとりました。 | Today I am writing this letter to inform you that there are many warm supporters of you even in Japan. |
| たった今、あなたの最新アルバムを聴いて感動し、あなたに手紙を書かずにはいられなくなりました。 | I cannot help writing to you because I have just listened to your latest album and have been deeply touched. |

## 1-② 称賛の言葉を述べる

| | |
|---|---|
| あなたは、まちがいなく世界一の歌手です。 | I am sure that you are the best singer on the earth. |
| あなたが世界一のピアニストだということは疑う余地もありません。 | I believe beyond all doubt that you are the best pianist in the world. |
| あなたほどの魅力的な女優を私は知りません。 | I do not know any other actress more charming than you. |
| あなたの歌声は、聴く者すべてを魅了します。 | Your singing voice always fascinates the audience. |
| あなたの作る曲には、人の心を癒す不思議なパワーがあります。 | The songs you wrote have a magical power to heal our heart. |

### 相手を讃える言葉

| | | | |
|---|---|---|---|
| 美しい | beautiful, lovely | 世界一の | the＋(形容詞の最上級＋名詞)＋in the world |
| 個性的な | with personality | | |
| 魅力的な | charming, fascinating | 比類なき | incomparable, matchless |
| 偉大な | great, grand | 才能あふれる | genial, talented, gifted |
| 最高の | supreme, the best | | |

## 2-① 相手への思いの深さを伝える

| | |
|---|---|
| あなたのアルバムはもちろんすべてそろえ、毎日聴いています。 | As a matter of course I have collected all of your albums and listen to your songs every day. |
| あなたのポスターを部屋中に貼っています。 | Various kinds of your posters can be found plastered onto every surface of my room. |
| あなたが出演された映画は、見逃したことがありません。 | I have never missed the movies in which you appeared. |

★ファンレター(1) ミュージシャン・俳優などへ

## 2-② 相手への希望を述べる

| | |
|---|---|
| 来日公演では、ぜひ「サマータイム」を演奏してください。 | Please be sure to play "Summer Time" at the concert tour in Japan. |
| 日本でのステージを、また楽しめることを期待しています。 | I am looking forward to enjoying your show in Japan once again. |
| あなたが再び舞台に立つことを、ファンの誰もが望んでいます。 | All of your fans expect that you will come back on the stage. |

## 3-① 返事などを求める

| | |
|---|---|
| どうかあなたのサイン入りのポートレートを送ってください。 | Would you please send me your autographed portrait? |
| なにか一言でかまいませんので、お返事をいただけないでしょうか。 | Would you give me an answer even if it would be just one word? |
| 毎日山のようにファンレターが届くあなたに無理を承知でお願いします。あなたのサインの入った写真を送ってもらえませんか。 | I understand very well that you are busy receiving a mountain of fan letters every day. So, I am very sorry to trouble you too much, but I have a favor to ask of you. Would you please send me your autographed picture? |

## 3-② ファンレターの結びの言葉

| | |
|---|---|
| 今後のご活躍を期待いたしております。 | I wish you future success. |
| これからもあなたの出演している映画は欠かさず観るようにします。 | I will never miss any movie in which you will appear. |

# ファンレター(2)
★作家へ

**例文**

Mr. Stephen King,

1  It is for the first time that I write a letter to you.
   ①I am a 17-year-old Japanese high school student and an ardent fan of you. ②Since I like mystery and horror stories very much, I have read a large number of books. But I do not know any other novel more attractive than yours.

2  ①I think your works gets sharply at the true nature of human being.
   How many things I have been taught by your works about not only the fear but also the wonder of human existence!
   Of course I also watched all of your movies and teleplays. ②Especially "IT" is my favorite one.

3  ①What kind of work are you planning to make public next? I am impatient to read it. ②Please write many fantastic novels and startle us in the future. I wish you further success.

                                          Sincerely yours,
                                          Yukie Egawa

**覚えておきたい表現**

mystery＝ミステリー、推理小説
horror story＝ホラー小説    novel＝小説    attractive＝魅力的な
get at the true nature of＝～の本質をつく    sharply＝鋭く
human being＝人間    not only～ but also～＝～のみならず～もまた
fear＝恐ろしさ、怖さ    wonder＝素晴らしさ、不思議さ
human existence＝人間存在    teleplay＝テレビドラマ
favorite＝お気に入りの    make public＝発表する
be impatient to～＝～したくてたまらない    fantastic＝素晴らしい
startle＝驚かす

> **point!** 作家へのファンレターでは、ファンであることを漠然と伝えるのではなく、どんな作品を愛読しており、どのような感銘を受けてきたかを具体的に書くようにしましょう。

## ★ファンレター(2) 作家へ

**対訳**

スティーブン・キング様

　はじめてお便りを書きます。

1　①私は日本に住む17才の高校生で、あなたの熱狂的なファンです。②私はミステリーやホラー小説が好きで、たくさんの本を読んでいますが、あなたの作品ほどに魅力的な小説を知りません。

2　①あなたの作品は、人間の本質を鋭くとらえています。これまでに私は、あなたからどれほど人間存在の恐ろしさや、またすばらしさを教えられてきたことでしょう。

　映画やTVドラマ化されたものも、もちろんすべて観ています。②なかでも、「IT」は私の一番のお気に入りです。

3　①次回作はどんな作品になるのでしょうか。楽しみで待ちきれません。②これからも、すばらしい作品をお書きになり、私たちを驚かせてください。あなたのさらなるご活躍を期待しています。

敬具

江川幸枝

## さしかえ文例

### 1-① ファンであることを相手に告げる

私はあなたの小説のファンです。　　I am an admirer of your novels.

あなたの詩を読んで感激して、お手紙を差し上げます。　　I am writing to you because I was deeply moved by your poem.

### 1-② 称賛の言葉を述べる

あなたは、実にすばらしい小説家です。　　I am sure that you are really a great

| | |
|---|---|
| | novelist. |
| 推理小説の分野では、あなたの右に出る作家は誰もいないでしょう。 | In the field of mystery stories, you are a writer second to none. |
| あなたの小説ほど、私を夢中にさせるものはありません。 | No other novel can absorb me as much as yours. |
| あなたの新しい詩集は、日本でもたいへん注目を集めています。 | Your latest anthology has attracted considerable attention in Japan too. |

## 2-① 作品に対する感想を伝える

| | |
|---|---|
| あなたの最新作を読んで、非常に感銘を受けました。 | Your latest work impressed me enormously. |
| あなたの小説を読んで、感動のあまり涙が止まらなくなりました。 | I was so moved by your story that I could not keep back my tears. |
| あなたの小説のあまりのおもしろさに、食事をとることも忘れるほどでした。 | Your novel was so interesting to me that I forgot to take a meal. |
| 主人公の女性の生き方に、たいへん共感しました。 | I deeply sympathized with the heroine's way of life. |
| あなたの著作にふれて、私の人生観は大きく変わりました。 | In reading your writings, my view of life has changed a lot. |

── 感動を伝える言葉 ──

| | | | |
|---|---|---|---|
| 感動する | be moved by, be touched by | 胸に響く | come to my heart |
| 夢中になる | be crazy about, be absorbed in | 琴線に触れる | touch my heartstrings |
| | | 陶酔する | be fascinated with |
| 感銘を受ける | be impressed with | 驚嘆する | wonder at, admire |
| 衝撃を受ける | be shocked by | 目から鱗が落ちる | the scales fall from my eyes |
| 胸にしみる | touch my heart | | |

## 2-② 特に好きな作品を挙げてほめる

| | |
|---|---|
| あなたの本の中で、私が最も気に入っているのは「クリスティーン」です。 | My favorite one of your works is "Christine". |
| あなたの「夜の樹」は、私の枕頭の書です。 | I always keep your "A Tree of Night" at my side. |
| 「アウトサイダー」ほど、私を楽しませてくれた本はありません。 | No other book could make me amused as much as "The Outsider". |

## 3-① 次の作品への期待を述べる

| | |
|---|---|
| 次回作も、楽しみにしています。 | I am looking forward to your next story. |
| 今回の話の続きが、たいへん気になります。 | The continuation of the story has been weighing on my mind. |
| 次の作品が待ち遠しくてなりません。 | I just cannot wait for your next work. |

## 3-② ファンレターの結びの言葉

| | |
|---|---|
| 私は、いつでもあなたを応援しています。 | I am always a good supporter of you. |
| ファンとして、あなたのこれからの活動をずっと見守っていきたいと思います。 | I intend to watch your future activities as one of your fans. |
| これからも、世界中にいるあなたの読者を楽しませてくださいね。 | I wish you to make happy your readers all over the world. |
| 今後のあなたのますますのご活躍を、心よりお祈りしています。 | I wish you a great success in the future. |

★ファンレター(2) 作家へ

# ラブレター
★好きになった相手への告白

## 例文

Dear Tom,

1　　I am afraid that you will be very surprised receiving this sudden letter. But I am writing this letter to you for I cannot stop conveying my feelings toward you.

2　　I wonder if you remember me. I met you at the birthday party for my friend Ed six months ago. I fell in love with you at first sight on that day. There has not been a single day during this six months that I have not thought of you. I am anxious to see you again.

3　　I am very curious to learn more about you. What do you say to going out with me to have a chat over tea some day?
　　Would you please give me a chance? I am looking forward to your favorable answer.

　　　　　　　　　　　　　　　　　With love,
　　　　　　　　　　　　　　　　　Aiko Takano

## 覚えておきたい表現

be afraid that〜＝〜ではないかと心配する
cannot stop 〜ing＝〜せずにいられない　　convey＝伝える
feeling＝気持ち　　toward〜＝〜に対する　　wonder＝〜を知りたいと思う
if＝〜かどうか　　remember＝憶えている　　fall in love with〜＝〜に恋をする
at first sight＝一目で　　single day＝一日　　think of〜＝〜のことを思う
be anxious to〜＝〜を切望する、〜を強く望む　　curious＝知りたがる
go out with〜＝〜とデートする　　chat over tea＝お茶を飲みながら話す
some other day＝いつかそのうちに　　favorable answer＝好意的な返事

## さしかえ文例

### 1-① 相手に与える唐突な印象をやわらげる

突然のお手紙をお許しください。　　Please forgive me for this unexpected letter.

いつも電話で話している私からの手紙　　I suppose you are very surprised to

**point!** 自分の気持ちを伝えるときは、あまり大袈裟な表現をして、相手が引いてしまわないように注意します。また、誤字・脱字も手紙の効果を半減させるので気をつけましょう。

★ラブレター 好きになった相手への告白

**対訳**

トム様

1　①突然のお手紙で、きっとたいへんに驚かれることでしょう。②しかし、あなたに対する私の気持ちをどうしても伝えたくて、これを書いています。

2　憶えていらっしゃるでしょうか。私は、あなたとは半年ほど前に、友人のエドの誕生日のパーティーでお会いしました。①あの日私は、あなたに一目惚れしてしまいました。②この半年の間、あなたのことを思わない日はありません。ぜひもう一度、あなたとお会いしたいのです。

3　私は、あなたのことをもっとよく知りたいと思っています。①もしよろしければ、今度お茶でも飲みながら、ゆっくりとお話でもしていただけないでしょうか。
　どうか私にチャンスをください。②よいご返事を心よりお待ちしています。

愛をこめて
高野愛子

---

| | |
|---|---|
| を受け取り、さぞや驚かれたことと思います。 | receive my letter because we often talk on the phone. |
| 突然の手紙できっと驚かれたのではないかと思います。 | You must be surprised to receive this unexpected letter from me. |

### 1-② 手紙を書いた理由を伝える

| | |
|---|---|
| 私のこの思いは、どうしても手紙でなければ伝えられないように思いました。 | I thought I could convey my feelings by no other way than by means of a letter. |
| 面と向かってお話しする勇気はありませんので、お手紙いたします。 | I am writing a letter to you because I do not have the courage to talk face to face with you. |

## 2-① 自分の気持ちを打ち明ける

| | |
|---|---|
| あなたに恋しています。 | I'm in love with you. |
| あなたに夢中です。 | I'm infatuated with you. |
| 驚かずに聞いてください。あなたを愛しています。 | Please do not be surprised and listen to me. I love you. |
| 私はあなたを好きになってしまいました。 | I have fallen in love with you. |
| あなたを心から愛しています。 | I am desperately in love with you. |
| いつのまにかあなたに対して恋愛感情を抱いている自分に気づきました。 | I realized that I unconsciously love you. |
| あなたを一目見た瞬間に、恋に落ちてしまったのです。 | I fell in love with you at the moment of first sight. |

## 2-② 思いの深さを伝える

| | |
|---|---|
| 心の底からあなたが好きです。 | I love you from the bottom of my heart. |
| あなたのことをいつも考えてばかりいます。 | I think of you always. |
| あなたのことを思って夜も眠れません。 | I have been spending sleepless nights because of you. |
| あなたのことが好きで好きでたまりません。 | I am madly in love with you. / I love you passionately. |
| とても言葉では言い尽くせないほど、 | I love you so much that I cannot |

★ラブレター 好きになった相手への告白

| | |
|---|---|
| あなたを愛しています。 | adequately describe it. |
| あなたのそばにいるだけで私は幸せな気分になれます。 | Just standing beside you, I feel happy. |
| わたしがどんなにあなたを愛しているかは、とても言葉では言えません。 | Words cannot express how much I love you. |
| あなたのことを考えるだけで胸が苦しくなります。 | The mere thought of you makes me painful in my chest. |
| あなたは私の理想にぴったりです。 | You are just my ideal man. |
| あなたは私にとって特別な人なのです。 | You have a special place in my heart. |
| あなたほど知的で、しかも美しい女性に会ったことはありません。 | I have never met a woman more intellectual and beautiful than you. |
| あなたのやさしい笑顔を忘れることができません。 | I cannot forget your gentle smile. |
| あなたがいつも私のそばにいてくれたらと思います。 | I wish you to be always by my side. |
| 寝ても覚めてもあなたのことばかり考えています。 | I always think of you night and day. Waking or sleeping, I think of you all the time. |

## 3 - ① 交際を求める

| | |
|---|---|
| あなたが私の恋人になってくれたら、どんなに幸せでしょう。 | How happy I am if you would become my boyfriend! |
| 私をあなたの彼女にしてください。 | Please make me your girlfriend. |

151

| | |
|---|---|
| あなたともっとお近づきになりたいと思っています。 | I would like to be on more intimate terms with you. |
| もしあなたに恋人がいないなら、私と一度デートをしていただけませんか。 | If you have no boyfriend, would you like to go out with me? |
| 今度２人だけで会ってはくれないでしょうか。 | I would like to see you alone some day. |

## 3-② ラブレターの結びの言葉

| | |
|---|---|
| どうか率直にあなたのお気持ちを聞かせていただければと思います。 | I would like to have your honest answer. |
| 早くお返事がいただけるよう願っています。 | I hope to hear from you soon. |
| あなたも私と同じ気持ちでいてくださることを願っています。 | I wish you to have the same feelings as mine. |
| もう一度、あなたにお会いしたいのです。どうかご連絡をください。 | I would like to see you again. Please get in touch with me. |

---

**アドバイス**

**女友達・男友達**

日本語では「女友達」や「男友達」と言っても単なる友人を指しますが、英語の**boyfriend、girlfriend** には友人以上に親しい特別な存在、「恋人」のニュアンスがあります。

アメリカでは決まったデート相手や恋人を**steady** と呼ぶこともありますが、必ずしも婚約者（**fiance、fiancee**）というわけではありません。

また夫（**husband**）や妻（**wife**）を**better half**と言ったり、**partner**と表現することもあります。法律用語の配偶者は**spouse**です。

# PART 5

## すぐに役立つ
## 実用的な手紙

海外通販や海外旅行の予約、
留学、就職に関する手紙の書き方と文例を紹介します。

- ファックスのカバーシート
- 海外通販の商品注文
- 海外通販の問い合わせ
- 海外通販の苦情
- 海外旅行の予約
- 留学についての手紙
- 就職についての手紙
- 履歴書
- 紹介状
- 推薦状

# ファックスのカバーシート
★基本的なカバーシートの見本

**例文**

```
                    FAX COVER SHEET

DATE : April 21, 200X

TO : Mr. Johnson
     Company name : Borderline Co., Inc.
     Phone : 001-1-152-3823-4658
     Fax : 001-1-152-3823-4659

FROM : Ms. Michiyo Inoue
     Address : 1-3-1 Suidobashi, Bunkyo-ku, Tokyo, Japan 112-0005
     Phone : 81-3-3311-1754
     FAX : 81-3-3311-1757    ①

PAGES SENT : 3
             ②

RE : Placing an order
     ③

  ④ If you have any questions, please contact me by phone or by fax.
Thank you.
```

## 覚えておきたい表現

fax＝ファクシミリ　　cover sheet＝送信状
date＝日付　　to＝受信人　　from＝発信人
pages sent, pages faxed＝送信枚数　　re, subject＝用件
placing an order＝商品の注文　　question＝不明な点、疑問点
contact＝連絡する

## さしかえ文例

①同上

The same as the above.
ditto

point! ファックスを利用する際、カバーシート（送信状）は、送信上の行き違いを防いで、やりとりをスムーズにします。1枚目にカバーシートをつけて送るようにしましょう。

★ファックスのカバーシート　基本的なカバーシートの見本

対訳

ファクシミリ送信状

日付：200X年4月21日

受信人：ジョンソン様
　　　　社名：ボーダーライン社
　　　　電話番号：001-1-152-3823-4658
　　　　ファックス番号：001-1-152-3823-4659

発信人：井上美智代
　　　　住所：〒112-0005　東京都文京区水道橋1-3-1
　　　　電話番号：81-3-3311-1754
　　　　ファックス番号：81-3-3311-1757
　　　　　　　　　　　　①

送信枚数：3枚
　　　　　②

用件：商品の注文
　　　　③

　何か問題がございましたら、電話またはファックスにてご連絡ください。よろしくお願いします。
　④

| | |
|---|---|
| ②4枚（カバーシートを含む） | 4 sheets (including the cover sheet) |
| | 4 pieces (including cover page) |
| ③商品に関する問い合わせ | Inquiring about the goods |
| ④送信ミスがございましたら、お手数ですが、お電話にてお知らせくださいますよう、よろしくお願い申し上げます。 | In case of transmission errors, please inform me by phone. Thank you. |
| | If there are any transmission errors, would you please let me know by phone? |

# 海外通販の商品注文
★指定のフォーマットがない場合

**例文**

Dear Sir:

1　①I would like to order the following items that are shown on page 51 of your current catalog.

| Stock No. | Trade name | Color | Quantity | Unit Price | Total |
|---|---|---|---|---|---|
| A035 | Shoulder bag | Black | 1 | 58.00 | 58.00 |
| Y211 | Wallet | Brown | 2 | 28.00 | 56.00 |
| | | Carriage (by air parcel post) | | | 20.00 |
| | | | | Total Amount | $134.00 |

2　①I would like to pay you with my credit card.
　　Please charge the total amount of $134.00 to my Visa Card # 562-3254-2008, expiration date March 200X.

3　①I would be very happy if you would send me the merchandise as soon as possible.
　　②Thank you very much for your attention.

　　　　　　　　　　　　　　　　　　　　Very truly yours,
　　　　　　　　　　　　　　　　　　　　*Atsuko Miyashita*

**覚えておきたい表現**

Dear Sir:, Gentlemen:＝拝啓
（相手が法人の場合、米国式、後ろの句読点はコロン）
Dear Sirs,＝拝啓（相手が法人の場合、英国式、後ろの句読点はコンマ）
order＝注文する　　item＝品目　　current＝現行の
catalog＝カタログ　　stock＝(在庫)商品　　trade name＝商品名
quantity＝数量　　unit price＝単価　　shoulder bag＝ショルダーバッグ
wallet＝財布　　carriage＝(荷物の)送料　　by air parcel post＝航空便
total amount＝総合計　　credit card＝クレジットカード　　charge＝引き落とす
expiration date＝(カードの)有効期限　　merchandise＝商品

## さしかえ文例

### 1 - ① 用件を伝える

貴社のカタログ38号に掲載の下記の　I would like to order the following

**point!** 指定のフォーマットがない場合、下記のような注文書を書くとよいでしょう。内容は箇条書きにし、間違いがないか、最後に必ず念入りにチェックするようにしましょう。

★海外通販の商品注文　指定のフォーマットがない場合

**対訳**

拝啓

1. ①お送りいただいた御社の現行カタログより、51ページに掲載されている下記の商品を注文いたします。

| 商品番号 | 商品名 | 色 | 数 | 単価 | 合計 |
|---|---|---|---|---|---|
| A035 | ショルダーバッグ | 黒 | 1 | 58ドル | 58ドル |
| Y211 | 財布 | 茶 | 2 | 28ドル | 56ドル |
| | | | | 送料（航空便） | 20ドル |
| | | | | 総合計 | 134ドル |

2. ①支払い方法は、カード払いを希望します。
合計金額の134ドルを下記のカードより引き落としてください。
ビザカード　番号562-3254-2008　有効期限200X年3月

3. ①できるだけ早くお送りいただければ、大変うれしく思います。
②どうぞよろしくお願いいたします。

敬具
宮下敦子

---

品を注文いたします。 / items from your catalog No. 38.

"ロサンゼルス・クロニクル"誌6月17日号の御社の広告にありましたアーミーナイフ1本を、注文します。 / I would like to purchase one army knife that you advertised in the June 17 issue of the Los Angeles Chronicle.

貴社限定発売のテディーベアを下記のとおり注文いたします。 / I would like to order a Teddy bear from your limited sale as mentioned below.

御社の最新カタログより、別記の商品をご注文申し上げます。 / I would like to purchase the articles from your latest catalog as mentioned in the attached paper.

| | |
|---|---|
| 購入希望商品は、以下のとおりです。 | The items I wish to purchase are as follows. |

## 2 - ① 代金の支払い方法について伝える

| | |
|---|---|
| 商品代金として、現金30ポンドを書留にてお送りいたします。<br>（注：米英には現金書留で送金する制度はなく、一般的には送金には為替や小切手を利用する。） | I will send you 30 pounds by cash registered mail as the price of merchandise. |
| 代金は、マスターカード（番号1376-554-5388、有効期限200X年5月）よりお支払いいたします。 | I will pay the cost with my Master Card #1376-554-5388, expiration May 200X. |
| 送料込みの代金として、額面315ドルの銀行小切手をお送りします。 | I will send you a check for $315 as the price including postage. |
| 支払いは、商品との引換え払いにてお願いいたします。 | I would like to pay the cost in cash on delivery. |
| 明日、合計代金の120ユーロを貴社の指定銀行口座へお振込みいたします。 | The total price of 120 euros will be deposited in your bank account tomorrow. |
| 在庫確認のご返事をいただきしだい、国際郵便為替にて代金をお送りいたします。 | As soon as I receive your answer of stock confirmation, I will remit the price by international postal money order. |

## 3 - ① 迅速な発送を求める

| | |
|---|---|
| 早急にお送りいただけると幸いです。 | I would appreciate it if you could send it to me immediately. |

| 今週中に発送していただけないでしょうか。 | Would you please send out the merchandise within the week? |
| --- | --- |
| なるべく早く、商品が手元に届くことを期待しています。 | I am looking forward to receiving the merchandise as soon as possible. |
| 代金をお受け取りしだい、商品を発送していただけますようよろしくお願いいたします。 | As soon as you receive the money, please send me the merchandise. |

### 3-② 海外通販の商品注文の結びの言葉

| なにとぞよろしくお願い申し上げます。 | Thank you very much for your assistance. |
| --- | --- |
| よろしくおとりはからいのほど、お願い申し上げます。 | I would appreciate it if you could kindly arrange for this matter. |
| 当注文につきまして、くれぐれもよろしくお願いします。 | Your cooperation for this order would be appreciated very much. |
| 商品が届くのを楽しみに待っております。 | I am looking forward to receiving the merchandise. |

★海外通販の商品注文　指定のフォーマットがない場合

#### 商品注文でよく使われる言葉

| 注文 | order | 発送 | sending |
| --- | --- | --- | --- |
| 購入 | purchase | 船便 | surface mail |
| 商品 | merchandise, goods | 航空便 | air mail, air parcel post |
| 在庫 | stock | 国際小包 | international parcel |
| 品番 | stock number | 書留 | registered mail |
| 数量 | quantity | 小切手 | check |
| 価格 | price | 国際郵便為替 | international postal money order |
| 代金 | cost, price | | |
| 合計代金 | total amount, total price | 口座 | account |
| 支払い | payment | 税関 | customs |
| 送料 | （郵便の）postage, （荷物の）carriage | | |

# 海外通販の問い合わせ（１）
★カタログ請求に関する問い合わせ

## 例文

Gentlemen:

**1** ① I learned about your company in the Gold Mine.
I would like to learn more about your products.

**2** Especially I would like to know if you offer mail order sales to foreign customers.
①If you accept mail orders from Japan, please send me a copy of your latest catalog.
②If you charge for the catalog, please let me know the price and the postage as well as the form of payment.

**3** ①I am looking forward to your reply.

Sincerely yours,

*Kazuo Yokota*

## 覚えておきたい表現

learn＝知る　　product＝製品　　offer＝提供する
mail order＝通信販売（m.o.またはM.O.と略す）　　foreign＝海外の
customer＝顧客　　accept＝取り扱う　　a copy of＝1部
latest, most recent＝最新の　　be charged＝有料の、有償の
as well as＝〜に加えて
form of payment＝支払い方法

## さしかえ文例

### 1-① 先方を知った経緯を伝える

"ワールド・プレミアム"誌上に、先日御社が出された広告が目にとまりました。

I saw the advertisement that you published in the World Premium the other day.

友人から御社の調理器具がいかに使いやすいかを聞き、こうしてご連絡を差し上げたしだいです。

One of my friends told me how convenient your kitchenware is, so I am writing this letter to you.

**point!** 海外通販の第一歩は、多くの場合カタログ請求から始まります。用件といっしょに、相手の会社や商品を知った経緯などを伝えると、先方も対応がしやすくなるでしょう。

★海外通販の問い合わせ(1)　カタログ請求に関する問い合わせ

**対訳**

拝啓

1　①"ゴールド・マイン"誌上で貴社のことを知りました。
　　貴社の製品に関しまして、もっと詳しく知りたいと思っています。

2　貴社は、海外への通信販売も行われていますでしょうか。
　　もし行われていらっしゃいましたら、①最新のカタログを一部お送りくださいますようお願い申し上げます。
　　②カタログが有料の場合には、カタログ代金と送料、そしてその支払い方法を教えてください。

3　①ご返事をお待ちしております。

敬具
横田和雄

| | |
|---|---|
| アメリカに住む知人から、貴社の布地が大変に上質であるとうかがいました。 | I heard from an American friend that your cloth is very good quality. |
| 先日、貴社の新製品を紹介した新聞記事を読みました。 | I read a newspaper article that introduced your new product the other day. |
| 日本のテレビ番組で御社製の世界最小、高音質をうたったスピーカーが紹介され、非常に興味をもちました。 | I took a great interest in your product when I watched a Japanese TV program that introduced your speaker as the smallest model in the world with high quality sound. |
| ずっと以前から、御社の評判は耳にしておりました。 | I have heard your reputation for a long time. |

## 2-① カタログを送ってくれるようお願いする

| | |
|---|---|
| 恐れ入りますが、貴社の総合カタログをお送りいただけないでしょうか。 | Would you please send me your general catalog? |
| 最新版カタログと価格表をお送りください。 | Please send me the latest catalog and price list. |
| 貴社の図解入りのカタログを1部、ご送付ください。 | Would you send me a copy of your catalog with illustrations? |
| 御社の製品の詳しい資料をお送りください。 | Please send me detailed information on your products. |
| 写真入りのカタログ、または詳細な説明書をお送りいただけませんか。 | Could you please send me your catalog with pictures or detailed instructions? |
| 最新モデルに関する詳しい資料をお送りください。 | Will you send me of detailed information of the newest model? |

## 2-② カタログの代金などについてたずねる

| | |
|---|---|
| カタログ代金に送料と手数料をあわせた金額をお知らせください。 | Please inform me of the total amount for the price of catalog, postage and handling commission. |
| カタログ1部の料金と日本までの送料をお知らせください。 | Please let me know the price of a catalog and the postage to Japan. |
| カタログ代金と送料は、下記のクレジットカードでも支払いは可能ですか。 | Is it possible to pay the price of catalog and the postage with the following credit card? |
| カタログ代金は、注文商品の支払いと | Can I pay for the price of catalog |

| | |
|---|---|
| いっしょでもかまわないでしょうか。 | together with the payment for ordered goods? |
| カタログは、有料でしょうか。 | Is there a charge for the catalog? |

## 3-① カタログ請求の結びの言葉

| | |
|---|---|
| 貴社のカタログが届くのを楽しみにしています。 | I am looking forward to receiving your catalog. |
| 今月中にご返事いただければけっこうです。 | It is all right that your reply will reach me by the end of this month. |
| 迅速なご返答を期待しております。 | I am expecting your prompt answer. |
| カタログが届きしだい、あらためてご連絡させていただきます。 | As soon as I receive your catalog I will contact with you again. |

### カタログの種類をあらわす言葉

| | | | |
|---|---|---|---|
| 資料 | information | 小冊子より薄いパンフレット | brochure |
| カタログ・目録 | catalog | 説明書 | instructions |
| パンフレット（小冊子） | pamphlet | 料金表 | price list |

★海外通販の問い合わせ(1) カタログ請求に関する問い合わせ

# 海外通販の問い合わせ（２）
★商品の購入に関する問い合わせ

## 例文

Dear Sir:

1　①One of my friends living in the United States introduced me to your store as a record shop specialized in blues music.

2　①I like very much the country blues in Chicago, and I am especially collecting the albums of the following artists: Howlin Wolf and Muddy Waters.
　②Do you have any stock of these artists at present? If you have some records, would you please send me a list of them with the condition and price?

3　①And I would greatly appreciate it if you could inform me of the form of payment at the same time.
　Thank you very much for your kind assistance.

　　　　　　　　　　　　　　　　　　　　　Yours very truly,
　　　　　　　　　　　　　　　　　　　　　Ichiro Iida

### 覚えておきたい表現

introduce＝紹介する　　　store＝店舗
record shop＝レコード店　　specialize in～＝～専門の
blues music＝ブルース音楽　　country blues＝カントリー・ブルース
collect＝集める　　artist＝アーティスト　　stock＝在庫　　at present＝現在
record＝レコード　　list＝一覧表　　condition＝状態
form of payment＝支払い方法　　at the same time＝一緒に、同時に

## さしかえ文例

### 1 - ① 先方を知った経緯を伝える

テレビのコマーシャルで、御社の商品を何度も目にいたしました。

I have seen the product of your company on TV commercials many times.

> point!　通信販売は、商品を前にしての直接交渉ではないので、充分に慎重を期す必要があります。トラブルを避けるためにも、少しでも不明な点があれば、問い合わせましょう。

## 対訳

拝啓

1　①アメリカに住む友人から、黒人のブルース音楽に強いレコード店として貴店を紹介されました。

2　①私はシカゴのカントリー・ブルースが好きで、特に下記のアーティストの作品を集めています。

　　　　ハウリン・ウルフ
　　　　マディ・ウォーターズ

②貴店では、現在これらのアーティストのレコードを在庫としてお持ちでないでしょうか。もしお持ちでしたら、商品の状態、価格を記載して、それらの一覧表をお送りいただきたく存じます。

3　①なお、その一覧表とともに支払い方法なども、お知らせいただければ幸いです。

お手数ですが、どうぞよろしくお願いいたします。

　　　　　　　　　　　　　　　　　　　　　敬具
　　　　　　　　　　　　　　　　　　　　　飯田一郎

★海外通販の問い合わせ(2)　商品の購入に関する問い合わせ

---

先週の展示会で、貴社の商品を拝見し、大変に関心をもちました。
I was very interested in your products when I saw them at the exhibition last week.

先月の"ガーデニング・ライフ"誌で御社の広告を拝見いたしました。
I saw the advertisement for your company in last month's issue of the Gardening Life.

## 2-① 何に関しての問い合わせかを伝える

本日は、貴社製品に関して問い合わせたいことがあり、ご連絡させていただきました。
Today I am writing to you to inquire about your products.

| | |
|---|---|
| カタログ122ページの商品番号13265小型掃除機の購入を考えています。 | I am thinking of purchasing a compact cleaner (stock No. 13265 on page 122 of your catalog). |
| 広告中のジッポーのライターが大変気に入りました。 | I took a fancy to the Zippo lighters in your advertisement. |
| 条件さえ合えば、貴社製のワインを1ダース注文したいと思っています。 | I am planning to order a dozen bottles of your wine if the terms are acceptable to me. |
| 私は、メリーソート社の古いぬいぐるみを収集しています。 | I am a collector of old stuffed dolls made by Merrythought. |
| 以下の商品の在庫を問い合わせいたします。 | I would like to know your stock condition of the following goods. |
| 先日お送りいただいたカタログに掲載の商品につきまして、何点か質問があります。 | I have some questions about the merchandise in your catalog that you sent me the other day. |

## 2-② 商品に関して問い合わせる

| | |
|---|---|
| そのビンテージ・ジーンズは、いつ頃作られたものですか。 | When were the vintage jeans made? |
| その照明器具は、海外対応のものですか。 | Is the illuminator available for overseas? |
| それらの商品の正確な寸法を教えてください。 | Please inform me of the precise measurements of these products. |
| これらには、どのような食品添加物が使用されていますか。 | What kind of food additives did you use in these products? |

| | |
|---|---|
| その本は、ハードカバーですか。それともペーパーバックですか。 | Is the book made as a hardback or paperback? |
| これらの商品の見本写真があれば、お送りいただきたいのですが。 | If you have some sample pictures of these products, would you please send them to me? |

## 3-① 取り引きに関して問い合わせる

| | |
|---|---|
| 指定の注文用紙はありますか。もしあれば、それをお送りいただきたいのですが。 | If you have a specified order sheet please send it to me. |
| 商品との引換え払いは可能ですか。 | Is it possible to pay C.O.D.? |
| クレジットカードは、どこの会社のものが使えますか。 | Which credit cards are accepted? |
| 日本まで、保険付き航空小包で発送していただいた場合の送料をお知らせください。 | Please let me know the postage of air parcel with insurance to Japan. |
| 商品が日本に届くまでに、どのくらいの日数がかかるでしょうか。 | How many days does the merchandise take to get Japan? |
| 商品を今月中に受け取りたいのですが、今からの注文でも間に合いますか。 | I have to receive the goods by the end of this month. Can you make them reach to me in time from today's order? |
| クーリングオフは適用されますか。 | Is the cooling-off system applied? |

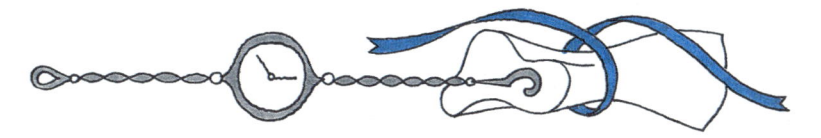

★海外通販の問い合わせ(2) 商品の購入に関する問い合わせ

# 海外通販の問い合わせ（3）
★商品未着の問い合わせ

**例文**

Dear Sir:

1　　I ordered one ladies' overcoat from your company by fax on May 10. ①More than two months have already passed but I have not received the merchandise yet.

2　　As I am enclosing a copy of my order sheet once again, ①could you please check on your document?
　　②If you have not sent it out yet, I would like to ask you to send it to me as soon as possible.

3　　Anyway please let me know the results of your investigation first. ①I am expecting the courtesy of a prompt reply.

　　　　　　　　　　　　　　　　　　Sincerely yours,
　　　　　　　　　　　　　　　　　　*Yuko Kinoshita*

**覚えておきたい表現**

ladies'＝婦人用　　overcoat＝コート
more than＝以上　　already＝すでに　　enclose＝同封する　　copy＝控え
order sheet＝注文書　　check on＝調べる　　document＝記録文書
send out＝発送する　　anyway＝いずれにせよ　　results＝結果
investigation＝調査　　first＝まず初めに　　courtesy＝礼儀
prompt＝速やかな

## さしかえ文例

### 1-① 商品の未着を伝える

3月9日現在、注文の商品がまだこちらに到着しておりません。

I have not received yet the ordered merchandise as of March 9.

---

120ドルの国際郵便為替をお送りしましたが、注文品の時計はまだ手元に届いておりません。

I have sent an international postal money order of $120, however the wristwatch I ordered has not reached me yet.

**point!** 商品未着の問い合わせでは、注文書の控え、またはコピーをいっしょに送るとよいでしょう。問い合わせの段階では、苦情めいたことはまだ控えておいたほうが無難です。

## ★海外通販の問い合わせ(3) 商品未着の問い合わせ

### 対訳

拝啓

**1** 　去る5月10日に、ファックスにて、貴社の婦人用コート1着を注文いたしました。①すでに2カ月以上が過ぎていますが、いまだ商品が届いておりません。

**2** 　注文書の控えを再度送らせていただきますので、①貴社の記録をお調べくださいますようお願い申し上げます。
　②もしまだご発送されていないようでしたら、できるだけ早くお送りいただきたく存じます。

**3** 　まずは調査の結果をお知らせください。
　①すみやかなご回答を期待しております。

敬具
木下祐子

| | |
|---|---|
| 昨年11月21日に注文した商品を、私はいまだに受け取っておりません。 | I have not yet received the merchandise I ordered on November 21 of last year. |
| 発注以来7週間が経過しましたが、現在も注文品が届きません。 | Seven weeks have passed since I ordered from you the merchandise that has not arrived yet. |
| 商品は2週間で届くということだったのですが、すでに2カ月が過ぎています。 | I was told that the merchandise would arrive within two weeks, but two months have already passed. |
| 約3カ月前に注文した商品がいまだ届いていないにもかかわらず、クレジットカードの明細書では、商品の代金が請求されています。 | Although I have not received yet the merchandise I ordered about three months ago, the price is charged according to the statement of my credit card. |

## 2-① 未着の商品の調査を依頼する

| | |
|---|---|
| 受注状況の確認と、その結果をすぐにお知らせください。 | Please confirm the situation of my order and let me know the results immediately. |
| 私の注文がどのようになっているのか、急いでお調べいただけませんか。 | Would you please check promptly what is being done for my order? |
| 私の注文書を受け取っておられるか、確認をお願いいたします。 | Please confirm if you received my order sheet. |
| この件に関して、早急に調査くださるようお願いいたします。 | Would you please check on this immediately? |
| 事態を調査のうえ、ファクシミリにて回答をお知らせください。 | Please check on the situation and let me know your answer by fax. |

## 2-② すみやかな発送を求める

| | |
|---|---|
| 早く品物が届くことを願っています。 | I expect the merchandise will reach me very soon. |
| 可能な限り早く発送していただけますか。 | Would you please send it out as soon as possible? |
| まだ商品が発送されていないようでしたら、至急手配くださいますようお願い申し上げます。 | If you have not shipped the merchandise yet I would like to ask you to arrange it as soon as you can. |
| 迅速な発送をよろしくお願いいたします。 | I would appreciate it if you could send it out without delay. |
| 早急に商品をお送りくださることを要望いたします。 | I strongly demand that you send me the merchandise immediately. |

| | |
|---|---|
| 注文した品が至急必要ですので、航空便にて1週間以内にこちらに届くようお送りください。 | Since I need the ordered article very soon, please send it to me by air parcel post so as to reach me within a week. |

## 3 -① 問い合わせに対する回答を求める

| | |
|---|---|
| 誠意をもってご回答くださることを期待しております。 | I am expecting that you will give me a sincere answer. |
| とりあえず調査の結果が出ましたら、早急にお知らせください。 | Anyway please let me know the results of your investigation as soon as you can. |
| 折り返しのご返事をお待ちしております。 | I am waiting for your answer by return. |
| 1週間以内に調査の結果をご連絡ください。 | I hope you will inform me the results of your investigation within a week. |
| できるだけ早いうちにご回答いただけますようお願いいたします。 | Would you please give me an answer very soon? |
| 明日までに、ご返答いただけると幸いに存じます。 | It would be very kind that you would give me a reply by tomorrow. |
| 結果が判明しだい、すぐにご連絡いただけますか。 | I hope to hear from you as soon as the results become clear. |

★海外通販の問い合わせ(3) 商品未着の問い合わせ

171

# 海外通販の苦情（１）
★届いた商品に対する苦情

### 例文

Gentlemen:

**1** Today I received a dinner set I ordered from you last week.
However, on opening the package, ①I found that two handles of the five cups were damaged. ②I think it was caused by defective packing of merchandise.

**2** Therefore ①please send me substitute articles immediately. This time I would like to ask you to pack it up tightly and solidly.
In case you cannot replace the things, I hope that you will refund the purchase price to me.
②I will send you back the damaged articles that I have with me now by your postage charge.

**3** ①I am expecting that you will deal with this trouble promptly and faithfully.

Very truly yours,
*Naoko Yamamoto*

### 覚えておきたい表現

dinner set＝食器セット　　package＝箱、荷物
handle＝把手、柄　　be caused＝生じた　　defective＝不完全な
packing＝包装　　therefore＝したがって　　substitute article＝代替品
this time＝その際には　　pack up＝荷造りする　　tightly＝厳重に
solidly＝しっかりと　　replace＝取り替える　　refund＝払い戻す
send back＝送り返す、返送する　　damaged article＝破損品
postage charge＝送料の負担　　deal with＝対処する

## さしかえ文例

### 1-① 苦情の主旨を伝える

私が注文したものとは違う商品が送られてきました。

The merchandise I received is different from my order.

**point!** 苦情の手紙では、相手に主旨を適切に伝えることが重要ですが、一方的に苦情を述べるだけではなく、相手にも問題点を明確に示したうえで、どんな解決、改善が期待できるのかをよくたずねておきましょう。

## ★海外通販の苦情(1) 届いた商品に対する苦情

**対訳**

拝啓

1　本日、御社より、私が先週注文した食器セットが届きました。
しかし、箱を開けてみましたところ、①5個のコップのうち、2個の把手が破損していました。②これは、商品の包装が不完全だったために生じたものと考えられます。

2　したがいまして、①至急、代替品をお送りください。その際、くれぐれも厳重な梱包をしていただきたく、よろしくお願い申し上げます。
もしそれが不可能な場合、代金の払い戻しを希望いたします。
なお、②手元にございます破損品は、送料着払いにて返送させていただきます。

3　①迅速かつ誠実な対応を期待しております。

敬具
山本直子

---

| | |
|---|---|
| 私の注文したブラウスは白でしたが、届いたものは黄色でした。 | I ordered one white blouse but I received a yellow one. |
| 送られてきた商品は、カタログに載っていた見本とは似ても似つかないものです。 | The merchandise I received is quite different from the sample in your catalog. |
| 貴社から送られてきたコーヒーメーカーがまったく機能しません。 | The coffee maker you sent me does not work at all. |
| 御社より送られてきた浄水器のカバー部分に大きなひび割れがあります。 | I found a big crack on the cover of the water purifier that you sent me. |
| 届いた商品の数が、注文した数より1 | The number of delivered merchandise |

| 点不足していました。 | was one item short from that ordered. |

### 商品の難点をあらわす言葉

| 破損した | damaged, broken | 不足している | lacking in, short of |
| 変質した | changed in quality, deteriorated | 見本と異なる | not correspond with the sample, different from the sample |
| 変色した | faded, discolored | 注文したものと違う | different from my order |
| 水漏れ | water leakage, water escaping | 品質不良 | poor quality, pour in quality |
| 汚れている | dirty, soiled, stained | 不良品（不合格品） | rejected article |
| 傷がついている | flaw（宝石・陶器などの傷） | | |
| ひび割れ | crack | | |

## 1-② 先方の不備を指摘する

| 本件は、明らかにそちらの不注意が原因です。 | Obviously, this trouble was caused by your carelessness. |
| 遺憾ながら、この件はもっぱら貴社の不手際によるものと思われます。 | I regret that this problem was entirely caused by your mistake. |
| この破損は、明らかに御社の梱包が不適切だったために生じたものです。 | It is clear that this damage was induced by your inadequate packing. |

## 2-① 対処を求める

| 今一度、私の注文書をご確認のうえ、早急に正しい商品をお送り願います。 | Please check my order sheet once more, and send me correct merchandise very soon. |
| ただちに、代わりの品を送っていただきたく存じます。 | Would you please send me a substitute immediately? |
| 不足分を至急送ってください。 | Will you send me promptly the missing merchandise? |

| | |
|---|---|
| 私が注文した商品をまちがいのないよう、一番早い方法でお送りください。 | Please send me the merchandise just as I ordered by the quickest means. |
| 注文を取り消したいので、商品を着払いでご返送いたします。 | To cancel the order I am sending back the merchandise by your charge. |
| ただちにご返金をお願いいたします。 | Would you refund my money immediately? |

## 2-② 商品の返送などについてたずねる

| | |
|---|---|
| 破損品をどう処理すればよいかお知らせください。 | Please let me know how I should dispose of the damaged article. |
| 不良品の返送方法のご指示をお願いいたします。 | Please tell me the way to send back the rejected article. |
| 今、私の手元にある品物は、ご要請がありしだいすぐに返送いたします。 | I will return the merchandise that I have with me now at your request. |
| あやまって送られてきた商品は、そちらでお引き取り願います。 | I want you to take back the goods you sent me by mistake. |

## 3-① 商品に対する苦情の結びの言葉

| | |
|---|---|
| 早急にお取り計らいくださいますようお願い申し上げます。 | I am expecting that you can resolve this as soon as possible. |
| 誠意ある対応をお願いいたします。 | I am looking forward to your sincere correspondence. |
| この件についてどう対処されるおつもりか、至急、お知らせください。 | Please tell me at once what you are going to do to resolve this matter. |

★海外通販の苦情(1) 届いた商品に対する苦情

# 海外通販の苦情（２）
★請求の間違いに対する苦情

**例文**

Sir:

1　①I would like to inform you that I found a distinct error on your bill.
　　When I compared your bill with my memo which I wrote down, I found a wide gap between the amounts of the two.

2　①According to my memo based on your price list, the total amount of the order must be \$252.50, that is \$100.00 less than \$352.50 of your bill.
　　②Would you please confirm your order document once again?

3　①I am expecting an adjustment to be made as soon as possible.

　　　　　　　　　　　　　　　　　　　Very truly yours,
　　　　　　　　　　　　　　　　　　　Masato Kujo

**覚えておきたい表現**

find＝見つける　　distinct error＝明らかな間違い
bill＝請求書　　compare with＝～を～と比べる　　memo＝メモ
write down＝書きとどめる、控える　　wide gap＝大きな食い違い
according to＝～によると　　based on＝基づく　　less＝より少ない
order document＝受注記録　　adjustment＝調整、修正

## さしかえ文例

### 1-① 請求の間違いを指摘する

| | |
|---|---|
| 貴社から請求された金額に、驚きといきどおりを感じています。 | I was very surprised and angry at the amount charged by your company. |
| 先日、こちらに届きました請求書に間違いがありましたので、お知らせいたします。 | This is to inform you that I found an error in the bill I received the other day. |
| 先月のクレジットカードの計算書に、 | I think there is a wrong charge on |

point! 苦情はときには法的な問題にまで発展することがあります。いたずらに相手を攻撃するばかりでなく、書くほうも慎重になって、冷静に言葉を選ぶように心がけましょう。

★海外通販の苦情(2) 請求の間違いに対する苦情

**対訳**

拝啓

1　①貴社の請求書に関して、明らかな間違いがございましたので、ここにお知らせいたします。

2　　貴社の請求書と私が手元に控えておりましたメモを比べますと、金額に食い違いが生じます。
　　①私のメモは貴社の価格表に基づいたものですが、それによると、注文の総額は252.5ドルで、請求書に表記のありました総額の352.5ドルとは100ドルもの差があります。
　　②受注記録を再度ご確認くださいますでしょうか。

3　①早急に対処していただけますようお願い申し上げます。

敬具
九条真人

---

間違った請求があると思われます。
the credit card bill for last month.

昨日受け取った貴社からの請求書と、私の控えに不一致があります。
There is a disagreement between my note and your bill I received yesterday.

私の注文に対して、代金が二重に請求されていることに気づきました。
I was aware that the price of my order was charged twice.

貴社から、まったく身に覚えのない請求書が届き、大変驚いております。
I am very surprised to receive a bill from your company that I have nothing to do with.

## 2-① より具体的に間違いの内容を伝える

私の注文した商品（商品番号71321）は、請求書に記されている35ポンドではなく、御社のカタログでは25ポ
The price of the merchandise (No.71321) I ordered is not 35 pounds as of your bill but 25 pounds

177

| | |
|---|---|
| ンドとなっています。 | according to your catalog. |
| 今回の私への請求書には、会員割引価格が適用されておらず、通常価格が表記されております。 | This time you charged me a list price with no discount for members. |
| 御社からの明細書には、ダマール社の婦人用ガウンの代金38ユーロが2度記載されています。 | On your statement you mentioned twice the amount of 38 euros for ladies' gown made by Dammar. |
| 貴社からの200X年6月23日付けの請求のCD5枚分の代金および送料128ドルは、5月21日にすでに支払っています。 | I had already paid the amount of $128 on May 21 as the price for five compact discs including postage that you mentioned on the bill of June 23, 200X. |
| 2月4日にすでに商品は返品しており、返品伝票も手元にありますが、この商品の代金がまた請求されました。 | You charged me again the price of the merchandise that I already returned to you on February 4 and I have the slip by me now. |
| 私は請求書にあるような注文は一切しておりません。 | I have ordered non of the items you mentioned on the bill at all. |
| 貴社からのこのご請求は、私にはまったく身に覚えのないものです。 | I have nothing to do with this demand from your company. |

## 2 - ② 調査や訂正を求める

| | |
|---|---|
| 至急お調べになり、間違いを訂正していただきたく思います。 | Please check it immediately and adjust the error. |
| 今一度、当方の注文内容につきまして、調査いただけますよう要望いたします。 | I hope that you will investigate my order once again. |

| | |
|---|---|
| 請求書の修正をお願いいたします。 | Would you please correct the error on your bill? |
| ご同意いただけますなら、訂正済みの請求書をお送りください。 | If you agree with me, please send me a corrected bill. |
| 訂正後の請求書を改めて発行していただければ、すぐに代金をお支払いいたします。 | When you issue a correct bill, I will pay you the price at once. |
| すみやかな請求の取り消しを求めます。 | I ask you for a prompt cancellation of your incorrect demand. |

## 3-① 請求の間違いに対する苦情の結びの言葉

| | |
|---|---|
| なお、ご回答をいただくまで、お支払いについては保留させていただきますので、あしからずご了承ください。 | Please understand that I will reserve the payment until you give me an answer. |
| 早急にご返答をいただけると、こちらとしても助かります。 | I would appreciate your prompt reply. |
| お手数ですが、ご対処のほどよろしくお願い申し上げます。 | Anything you can do to resolve this problem will be greatly appreciated. |
| 正確な金額がわかりしだい、できるだけすみやかにご連絡をください。 | Please contact me as soon as the precise amount becomes clear. |
| 今後は、このようなミスがないよう気をつけてください。 | Please be more careful not to make the same mistake again. |

★海外通販の苦情(2) 請求の間違いに対する苦情

# 海外旅行の予約（１）
★ホテルを予約する

### 例文

**1**

Dear Sir:

　①I am writing to you because I have heard from my friends many compliments about your hotel and have come to want to stay there very much.

　Therefore I would like to ask you to make a reservation as mentioned below.

**2**

Name: Ms. Hiromi Sasaki
Address: #203, 2-5-1 Arima, Miyamae-ku,
Kawasaki-shi, Kanagawa, Japan
Phone: 81-44-123-4567
Fax:　As Above
E-mail: feuj13579@itydg.com.or.jp
Date: from Nov. 4 to 7, 200X (for 3 nights)
Number of persons: for 2 persons
Type & number of rooms: 1 twin room
　　　　　　　　　　　(with a private bathroom or a shower stall)
　①If it is possible, please give us a room facing the sea.
　②As for the estimated time of our arrival, I will inform you later.

**3**

　①I would appreciate it if you could give me confirmation of our reservation with rate information by fax or by e-mail.

　Thank you for your attention.

　　　　　　　　　　　　　　　　　　　Sincerely yours,
　　　　　　　　　　　　　　　　　　　*Hiromi Sasaki*

### 覚えておきたい表現

compliment＝賛辞　　come to want＝〜したくなる
stay＝宿泊する　　therefore＝従って、つきましては　　reservation＝予約
date＝期間　　night＝〜泊（宿泊日数の数え方）
number of persons＝（宿泊）人数　　type & number of rooms＝客室のタイプと数
with a private bathroom＝浴室つき　　with a shower stall＝シャワー室つき
facing the sea＝海に面した、海を臨む　　estimated time＝予定時刻
arrival＝到着　　ETA = estimated time of arrival　到着予定時刻
later＝後日、あらためて　　confirmation＝（予約などの）確認　　rate＝宿泊料金

point! ホテルの予約は、必要事項を箇条書きにするとわかりやすいでしょう。相手に送った書類は、宿泊時に持参できるよう、それまで大切に保管しておくようにしましょう。

★海外旅行の予約(1) ホテルを予約する

対訳

拝啓

1　①知人よりそちらのホテルのことを聞き、ぜひ宿泊したいと思い、ご連絡させていただいております。
　　つきましては、以下の予約をお願いいたします。

2
　　予約者名：佐々木弘美
　　住所：神奈川県川崎市宮前区有馬2-5-1-203
　　電話：81-44-123-4567
　　ＦＡＸ：　　同上
　　Ｅメール：feuj13579@itydg.com.or.jp
　　期間：200X年11月4日～7日（3泊）
　　人数：2名
　　客室：ツインルーム1部屋（バスまたはシャワー付き）

　　①もし可能でしたら、海に面した部屋をお願いいたします。
　　②到着予定時刻に関しましては、後日あらためてご連絡させていただきます。

3　②予約の確認を、宿泊料金とともにFAXまたはEメールにてお知らせいただけると幸いです。
　　どうぞよろしくお願いいたします。

敬具
佐々木弘美

## さしかえ文例

### 1-① そのホテルについてどこで知ったかを伝える

観光ガイドの本でそちらのホテルを知り、一度泊まってみたいと思いました。

I learned about your hotel from a tourist guidebook and I would like to

| | |
|---|---|
| | stay there. |
| そちらのホテルのすばらしい評判は、かねてから旅行好きの友人から聞いておりました。 | I have heard from my travel-loving friend of your hotel's good reputation for a long time. |

## 2 - ① 部屋の希望を伝える

| | |
|---|---|
| 角部屋を希望します。 | I would like to stay in a corner room. |
| 街全体が一望できるような眺めのよい部屋はありますか。 | Do you have a room with a fine view from where we can see the whole town? |

### 部屋のタイプをあらわす言葉

| | |
|---|---|
| シングルベッド1台の1人部屋<br>single (bedded room) | ダブルベッド2台の2人部屋<br>double-double<br>または twin double, double twin |
| シングルベッド2台の2人部屋<br>twin (bedded room) | シングルベッド3台の3人部屋<br>triple (bedded room) |
| ダブルベッド1台の2人部屋<br>double (bedded room) | シングルベッド4台の4人部屋<br>quads |
| セミダブルベッド2台の2人部屋<br>deluxe twin | 居間・寝室・浴室などの続き部屋<br>suite |

## 2 - ② その他の希望を伝える

| | |
|---|---|
| 8日の夕方にそちらに到着し、10日の朝には出発する予定です。 | We will get to your hotel in the evening of 8th, and leave there in the morning of 10th. |
| そちらのパンフレットなどがございましたら、お送りいただきたいのですが。 | I would appreciate it if you could send me something like a pamphlet. |
| 支払いは、クレジットカード（マスターカード 132-6785-1376　有効期限200X年12月27日）でお願いいた | I prefer to pay you with my credit card, Master Card #132-6785-1376, expiration date December 27, 200X. |

します。

## 3-① ホテルの予約の結びの言葉

| | |
|---|---|
| 予約の確認ができしだい、ご連絡をお願いします。 | Please contact me as soon as you confirm the reservation. |
| 料金、税などに関しても、予約の確認といっしょにお知らせいただければ幸いです。 | I appreciate your information about the rate and tax as well as the confirmation of our reservation. |

## ホテルの予約の取り消し・変更

| | |
|---|---|
| 9月10日付けのファックスで、10月15日から3泊分、ツインルームを予約しましたが、都合により、残念ながら予約を取り消さなければなりません。 | I asked you to reserve a twin room for three nights from October 15 by fax of September 10. But unfortunately, I have to cancel the reservation for various reasons. |
| 以下の予約の取り消しをお願いいたします。 | I would like to cancel the following reservation. |
| トリプルルームを予約していましたが、ツインルームに変更していただけませんか。 | Would you please alter the reservation from triple room to twin? |
| シングルルームをもう1部屋追加でお願いしたいのですが。 | I would like to add one more single room to our reservation. |
| もう1泊、宿泊の延長をお願いいたします。 | We would like to extend our stay for one more night. |

★海外旅行の予約(1) ホテルを予約する／予約の取り消し・変更

# 海外旅行の予約（２）
## ★レンタカーの予約

### 例文

Gentlemen:

①I am planning to make a sightseeing tour by car on the west coast of the United States at the beginning of next month.

Accordingly, I would like to ask you to make a reservation for the following.

Name: Shugo Hishikawa
Age: 22
Date of birth: October 21, 198X
International driver's license No.: 8259120764367
Term of validity: November 21, 200X
Country: Japan
Requirements:
Date: for 8 days, from August 3 to 10, 200X
Type of car: a compact car with automatic transmission
Pickup point: Los Angeles International Airport

①I am scheduled to arrive at Los Angeles International Airport on Japan Airlines flight #023 at 10:45 a.m., Pacific Standard Time. I would like to rent a car upon arrival.

②Is it possible to have a Collision Damage Waiver insurance?

①Would you please inform me about confirming the reservation with the car rental charge, insurance fee and other extra charges?

Thank you very much in advance for your assistance.

Very truly yours,
Shugo Hishikawa

### 覚えておきたい表現

sightseeing tour＝観光旅行　　by car＝車で
accordingly＝従って、つきましては　　driver's license＝運転免許証
term of validity＝有効期限　　requirements＝希望事項　　type of car＝車種
compact car＝小型車　　car with automatic transmission＝オートマチック車
pickup point＝受取場所、貸出場所　　dropoff point＝引渡場所、返却場所
C.D.W.＝Collision Damage Waiver insurance＝自車両免責免除保険
car rental charge＝レンタカーの料金　　insurance fee＝保険料

point! 海外でレンタカーを借りる場合は、国際運転免許証が必要です。国や地域によって、貸し出しの手続きや料金システムも異なるので、前もってよく確認しておきましょう。

★海外旅行の予約(2) レンタカーの予約

**対訳**

拝啓

1　①私は、来月のはじめに、アメリカ西海岸を車で観光してまわろうと思っています。
　　つきましては、下記についての予約をお願いいたします。

2
予約者名：菱川修吾
年齢：22歳
生年月日：198X年10月21日
国際運転免許証番号：8259120764367
有効期限：200X年11月21日
国名：日本

貸出希望事項
期間：200X年8月3日～8月10日
車のタイプ：小型、オートマチック車
貸出地：ロサンゼルス空港

①日本航空023便にてロサンゼルス空港に、西部標準時午前10時45分に到着の予定です。到着後すぐに車をお借りしたいと思います。
　それから、②自車両免責免除保険への加入は可能でしょうか。

3　①予約の確認とともに、料金、保険、その他にかかる諸経費をお知らせください。
　　お手数をおかけしますが、どうぞよろしくお願いいたします。

敬具
菱川修吾

## さしかえ文例

### 1-① レンタカーの使用目的などを伝えておく

この夏、オーストラリアを自動車でまわる計画を立てています。

I am planning to make a tour of Australia by car this summer.

185

| | |
|---|---|
| 9月の中頃から、観光のため湖水地方を旅行することになっています。 | I am going to make a sightseeing tour of the Lake District from mid-September. |

## 2-① 希望条件などを伝える

| | |
|---|---|
| 下記の条件で、レンタカーの貸し出しをお願いいたします。 | I would like to rent a car under the following conditions. |
| 4月15日午後1時から同月19日午後6時までの予定でお借りしたいと思います。 | I would like to reserve a rental car from 13:00 on April 15 to 18:00 on April 19. |
| 貸し出しはヒースロー空港で、返却はバーミンガムの営業所でお願いします。 | I want to pick up the rental car at Heathrow Airport and to return it at your office in Birmingham. |

## 2-② 料金について質問する

| | |
|---|---|
| 料金表をお送りいただけませんか。 | Would you send me your price list? |
| 取り消し料、変更料はおいくらですか。 | How much are the charges for cancellation and for alteration? |
| 車のレンタル代金、保険料以外にもかかる費用はありますか。 | Should I pay for any other expenses besides the car rental charge and insurance fee? |

## 3-① レンタカーの予約の結びの言葉

| | |
|---|---|
| 予約の手配が済みしだい、ご連絡お願いいたします。 | I hope to hear from you as soon as you finish arranging my reservation. |
| 来週末までに、予約を確認してお知らせください。 | Please let me know about confirming my reservation by the end of next week. |

## 飛行機の予約

| | |
|---|---|
| 10月2日13時55分、シアトル発東京行き、全日空467便に空席はありますか。 | Do you have any vacant seats on All Nippon Airways flight #467 from Seattle at 13:55 on October 2 for Tokyo? |
| 今月9日の午後の、バンクーバーから東京へ向かう便の空席状況をお知らせください。 | Would you please tell me the booking situation of flights from Vancouver to Tokyo in the afternoon of the 9th of this month? |
| 来週の金曜日、アンカレッジからニューヨークに向かう便にまだ空席はありますか。 | Do you have any available seats on the flights from Anchorage to New York next Friday? |
| お手数ですが、航空運賃とともに目的地への到着時刻を教えてください。 | I appreciate it if you would tell me the fare and the arrival time to my destination. |
| Eメールにて、予約の確認をお願いいたします。 | Please confirm my reservation by e-mail. |

### 英語圏の国々で使われている主な標準時

大西洋標準時(カナダ最東部等)
　　　　Atlantic Standard Time
米国東部標準時(米国・カナダ東部等)
　　　　Eastern Standard Time
米国中部標準時(米国中部・カナダ中東部等)
　　　　Central Standard Time
米国山岳部標準時(米国山岳部・カナダ中西部等)
　　　　Mountain Standard Time
米国太平洋標準時(米国・カナダ西部等)
　　　　Pacific Standard Time
アラスカ標準時(米国アラスカ州)
　　　　Alaska Standard Time

ハワイ・アリューシャン標準時(米国ハワイ州・アラスカ州アリューシャン列島)
　　　　Hawaii-Aleutian Standard Time
オーストラリア東部標準時
　　　　Australia Eastern Standard Time
オーストラリア中部標準時
　　　　Central Australia Standard Time
オーストラリア西部標準時
　　　　Australia Western Standard Time

★海外旅行の予約(2)　レンタカーの予約／飛行機の予約

# 留学についての手紙
★学校への資料請求

## 例文

Gentlemen:

1　①I am a Japanese university student who wants to study at your school. Now I am a sophomore at the faculty of literature at Seibi University in Tokyo, majoring in English literature.

2　①I learned about your school on the recommendation of a professor at my university. ②I am planning to study English at your school during this summer vacation.

3　①Therefore I would like a copy of your admission guide book.
　　In case you have some information for foreign students, could you send it to me with the guide?
　　②I am very sorry to trouble you but your kind assistance would be greatly appreciated.

　　　　　　　　　　　　　　　　　　　　　　Yours very truly,
　　　　　　　　　　　　　　　　　　　　　　*Junichi Horita*

### 覚えておきたい表現

freshman＝（米国で4年制大学・高校の）1年生
sophomore＝2年生　　junior＝3年生　　senior＝4年生
college＝単科大学　　university＝総合大学　　faculty of literature＝文学部
major in＝専攻する　　English literature＝英文学
on the recommendation of＝〜の推薦で　　professor＝教授
admission guide book＝入学案内　　foreign student＝外国人留学生

## さしかえ文例

### 1 - ① 留学の希望を伝える

私は、来年の3月に大学を卒業した後は、貴校に留学したいと考えております。

I hope to study at your school after graduation from university next March.

私は来年、貴大学に入学したいと考え

I would like to enter your college

> **point!** 資料請求の手紙は、用件をわかりやすく、簡潔に書くことがもっとも大切です。請求といっても、相手にお願いするのだということを忘れず、失礼のないようにしましょう。

## ★留学についての手紙　学校への資料請求

**対訳**

拝啓

1　①私は、貴校に入学を希望している日本の大学生です。現在、東京の成美大学の文学部の英文学科の2年生です。

2　①貴校のことは、私の大学の教授が推薦してくれました。②私は、今年の夏休みに、ぜひ貴校で英語を学びたいと思っています。

3　①つきましては、貴校の入学案内を送っていただけませんでしょうか。その他、外国人留学生のための資料などがございましたら、あわせてお送りいただきたく存じます。
　②お手数をおかけいたしますが、どうぞよろしくお願いいたします。

敬具
堀田淳一

| | |
|---|---|
| ています。 | next year. |
| 私は、今年の夏休みを利用して、貴校の英会話クラスで学べたらと考えています。 | I wish to learn English in a conversation class at your school during this summer holiday. |
| 私は夏休みの1カ月間、アメリカでの語学留学を計画しております。 | I am planning to study English in the United States for a month of my summer vacation. |
| イギリスの大学に留学することが、私の夢でした。 | It has been my dream to study at a university in the United Kingdom. |

## 2-① その学校を知ったきっかけについて伝える

| | |
|---|---|
| 貴校のことは、私が通っている英会話学校の先生から聞きました。 | I heard about your school from my teacher in the English conversation school. |
| 大学の掲示板で、貴校が交換留学生を受け入れていることを知りました。 | I have learned from the notice board on the campus that you accept exchange students. |
| 貴校につきましては、大学の英語の先生から紹介していただきました。 | My English teacher in the college told me about your school. |
| 私の姉も、貴大学を卒業しました。 | My elder sister had also graduated from your university. |
| 貴大学に留学することが、私の夢でした。 | It has been my dream to study in your university for a long time. |

## 2-② 学びたい学科などについて伝える

| | |
|---|---|
| ぜひ貴大学の経済学部で学びたいと思っています。 | I would like to study at the faculty of economics of your university. |
| 貴校の文学部で、英文学を研究したいと考えています。 | I hope to study English literature at the faculty of literature of your university. |
| 貴大学の大学院で、心理学を専攻したいと思います。 | I wish to make a special study of psychology at the graduate school of your university. |
| 貴校で、本格的に建築の勉強をしたいと思っています。 | I am going to be engaged in the study of architecture at your university. |

―― 学びたい学科などをあらわす単語 ――

| 英語 | English | 考古学 | archeology |
|---|---|---|---|
| 英文学 | English literature | 電子工学 | electronic engineering |
| 心理学 | psychology | 人間工学 | human engineering |
| 哲学 | philosophy | 宇宙力学 | space dynamics |
| 社会学 | sociology | 芸術学 | art |
| 政治学 | political science | 美学 | aesthetics |
| 経済学 | economics | 油絵 | oil painting |
| 建築学 | architecture | 彫刻 | sculpture |
| 物理学 | physics | 音楽 | music |
| 生物学 | biology | ダンス | dancing |
| 細菌学 | bacteriology | 演劇 | drama |
| 天文学 | astronomy | 服飾デザイン | fashion design |
| 医学 | medical science | | |

## 3-① 入学案内や資料などを請求する

| どうぞ貴校への入学に関する資料をお送りください。 | Please send me information about admission into your school. |
|---|---|
| 貴校の入学案内とともに、入学を申請するにあたっての必要書類等をお知らせいただきたく存じます。 | Please send me your entrance guide and let me know the necessary forms to apply for admission. |
| 貴校へ留学するための手続きを教えていただきたいのですが。 | Would you tell me the entrance formalities in order to be admitted to your school? |

## 3-② 資料請求の手紙の結びの言葉

| お忙しいこととは存じますが、今月中に資料をお送りくださると助かります。 | I am sorry to trouble you when you are busy, but I would appreciate it if you could send me the information within this month. |
|---|---|
| 入学案内の届くのを楽しみに待っています。 | I am looking forward to receiving your admission guide. |

★留学についての手紙　学校への資料請求

# 就職についての手紙（1）
## ★就職の申し込み

### 例文

Dear Sir:

1  ①I would like to apply for the position of graphic designer that you advertised in the May 16 issue of the Daily Nippon.

2  ①As mentioned in the enclosed resume, I believe you would find me to have all the qualifications and enough ability to meet the requirements for this job.
   ②I want to make a contribution to your company with my creative power and originality. Anyway I am ready to present to you a letter of recommendation if it is necessary.

3  ①I would appreciate it if you would give me an opportunity to set up a personal interview.
   ②Thank you very much for your attention.

　　　　　　　　　　　　　　　　　　　　　　Very truly yours,
　　　　　　　　　　　　　　　　　　　　　　*Michiyo Suguita*

### 覚えておきたい表現

apply for＝～に応募する　　position＝勤め口、職
graphic designer＝グラフィック・デザイナー　　advertise＝広告を出す
issue＝～日付け、～号　　enclosed＝同封の　　resume＝履歴書
qualification＝資格　　enough＝十分な　　ability＝能力
meet＝かなう、適合する、満たす　　requirement＝要件
make a contribution＝貢献する　　creative power＝創造力
originality＝独創性　　be ready to＝～する用意がある
letter of recommendation＝推薦状　　interview＝面接

## さしかえ文例

### 1-① 用件を伝える

貴社が販売員を募集していることを知り、ぜひ応募したいと思いました。

I was pleased to learn that you are seeking some saleswomen and I would like to apply for the job.

**point!** 傲慢な印象を与えてはなりませんが、文面からも自信のある様子が充分にうかがえるような手紙にしたいものです。仕事に対する熱意が相手に伝わるよう心がけましょう。

## ★就職についての手紙(1) 就職の申し込み

**対訳**

拝啓

1. ① 御社が5月16日付け「デイリー・ニッポン」紙に出されていた、グラフィック・デザイナー募集の求人広告に応募させていただきます。

2. ① 同封の履歴書でおわかりいただけます通り、私はこの職種に関し、応募資格にかなうすべての条件と能力をもちあわせていると思います。
   ② 私の創造力と独創性を、ぜひ御社で役立てたいと願っております。また必要であれば、推薦状を用意することもできます。

3. ① 面接の機会を設けていただければ、感謝に耐えません。
   ② どうかよろしくお願い申し上げます。

敬具
杉田美千代

| | |
|---|---|
| 「ジャパン・エクスプレス」紙の10月3日号掲載の御社の求人広告を見ました。 | I saw a help-wanted advertisement for your company in the October 3 issue of the Japan Express. |
| 7月15日付けの「ワールド・ウィークリー」に掲載されていた貴社の求人広告に関心をもちました。 | I was interested in your advertisement in the World Weekly of July 15. |
| 貴社の営業部に欠員がないかをおうかがいしたく、お手紙を差し上げました。 | I am writing to ask you if there are any openings in your business department. |
| 御社では、日本語に堪能な受付係を必要としていらっしゃいませんか。 | I would like to know if you are looking for a receptionist who is a good speaker of Japanese. |

| | |
|---|---|
| 御社の会計係として採用していただきたく応募いたします。 | I am applying for the position of your accountant. |

## 2-① 自分をアピールする

| | |
|---|---|
| 証券取引に関する私の知識は、御社のお役に立てるものと確信しております。 | I am sure that my knowledge of stock dealings will be very useful for your company. |
| 私は、英語のほかに、中国語が多少できます。 | I can speak English as well as a little Chinese. |
| 私の海外勤務の経験は、貴社の募集資格を充分に満たしているものと思われます。 | I believe that my experience of working abroad would meet your requirements. |
| 貴社が求めておられるデータ処理の能力には、私は絶対の自信があります。 | I feel confident with the data processing skill that you requested. |
| これまでの私の実績を正当にご評価いただければ、私がいかに御社にとって必要な人材かはおわかりいただけるものと存じます。 | I believe you would find me to be a very useful person for your company if you would justly evaluate my achievements. |
| 商品開発に対する熱意は、だれにも負けません。 | I am second to none in enthusiasm for developing new products. |

### 自分をアピールする単語

| | | | | |
|---|---|---|---|---|
| 能力 | ability | | 忍耐力 | patience, endurance |
| 経験 | experience | | 責任感 | sense of responsibility |
| 知識 | knowledge | | 創造力 | creative power |
| 技術 | technique | | 判断力 | judgment |
| 技能 | skill | | 実行力 | executive ability |
| 実績 | achievements, results | | 独創性 | originality |
| 資格 | qualification, requirements | | 柔軟性 | flexibility |
| 勤勉さ | diligence, industry | | 積極性 | positive attitude |

★就職についての手紙(1) 就職の申し込み

## 2-② 仕事への意欲をあらわす

| 私の能力をぜひ御社で生かしてみたいと願っております。 | I would like to make use of my ability for your company. |
|---|---|
| 私はどんなに困難な仕事でも、途中で投げ出すようなことは絶対にありません。 | I have never given up a job halfway no matter how difficult it is. |
| もし採用いただけましたら、御社の発展に貢献できるよう全力を尽くします。 | If you would employ me I will do my best to contribute to the growth of your company. |

## 3-① 面接のお願いをする

| どうか面接の機会を与えていただけますようお願い申し上げます。 | I would like to make an appointment for an interview. |
|---|---|
| 直接お目にかかれる機会をいただければ幸いに存じます。 | I would be most grateful if you could give me an opportunity to discuss this with you. |
| ご担当者様のご都合のよろしい日時に、いつでもうかがいます。 | I can come for an interview any time and any date at the convenience of the person in charge. |

## 3-② 就職の申し込みの結びの言葉

| 履歴書を同封させていただきましたので、ご検討のほどよろしくお願い申し上げます。 | I would greatly appreciate if you would evaluate the enclosed resume. |
|---|---|
| よい返事のいただけますことを願っております。 | I am expecting to receive a favorable answer. |

# 就職についての手紙（2）
★就職先の紹介のお願い

## 例文

Dear Mr. Howard,

1　　How are you getting along these days?
　　①Today I am writing this letter to ask for your help.

2　　My family and I will move in August to Los Angeles where you live. ①I wish to be able to teach Japanese as an instructor in Los Angeles.
　　②I have heard that you have many acquaintances in the educational circles. So, I would certainly appreciate it if you could introduce to me some schools seeking an instructor in Japanese.

3　　I am sending my resume herewith.
　　①I am afraid to ask you too much, but I really need your help.
　　②Thank you in advance for your kind assistance.

　　　　　　　　　　　　　　　　With warm wishes,
　　　　　　　　　　　　　　　　*Kazue Oshita*

## 覚えておきたい表現

help＝助力　　move to＝〜に引っ越す
acquaintance＝知り合い　　educational circles＝教育界
seek＝探す、求める　　instructor in Japanese＝日本語の講師
resume＝履歴書　　herewith＝これと共に、これに添えて

## さしかえ文例

### 1-① まず依頼の手紙であることをことわる

| | |
|---|---|
| 急にお便りしましたのは、折入ってあなたにお願いがあるからです。 | I am sending this unexpected letter because I have a special favor to ask of you. |
| 今日は私の就職についてのお願いでお手紙を差し上げました。 | Today I am writing this letter to ask your help in order to find my job. |

point! 多少なりとも相手に面倒をかけることになります。そのことを念頭に置いて、ていねいで礼儀にかなった文面を心がけましょう。あなたの印象もずっとよくなるはずです。

## 就職についての手紙(2) 就職先の紹介のお願い

**対訳**

ハワード様

1　お元気でいらっしゃいますか。
　今日は、あなたにご助力をお願いしたく①ペンを取りました。

2　実は今年の8月に、私は家族とともに、あなたの住んでいらっしゃる①ロサンゼルスに引っ越すことになりました。ロサンゼルスで、私は日本語の講師ができればと考えています。
　あなたは多くの教育関係者とおつきあいがあると聞いています。つきましては、日本語の講師を求めている学校をご存知なら、ぜひ②ご紹介いただきたいのですが。

3　私の履歴書を同封いたしました。
　①厚かましいお願いですが、どうか私のためにお力をお貸しください。②なにとぞよろしくお願い申し上げます。

敬具
大下和枝

---

突然のお手紙で恐縮ではございますが、今日はあなたに大切なお願いがあって筆を取りました。

I am sorry to surprise you by sending this letter but I have a serious request to ask you today.

---

はなはだ申し上げにくいお願いなのですが、お聞きいただけるでしょうか。

I can hardly ask you but would you please accept my request?

### 2-① どのような職種に就きたいのかを伝える

私はかねがね、アメリカで空手を教えることができればと考えていました。

I have wanted to be able to instruct Karate in the United States for a long time.

---

ハリウッドの映画制作の現場で経験を積むことができればと考えています。

I hope to gain many valuable experiences while working in the

| | |
|---|---|
| | movie-making field in Hollywood. |
| アメリカでアニメーションの制作にたずさわるのが、私の夢です。 | I dream about taking part in production of animated cartoons in the United States. |
| シドニーで、私の語学力を生かした仕事に就きたいと思っています。 | I would like to find a job making use of my knowledge of foreign languages in Sydney. |
| ベビーシッターでもしながら、ロンドンに暮らしてみたいのです。 | I dream about living in London while working as a baby-sitter. |
| 職種は問いません。なんでも喜んでやるつもりです。 | I do not care about the occupation. I will be glad to accept anything I can do. |

## 2-② 就職先の紹介をお願いする

| | |
|---|---|
| 私は仕事を求めています。 | I am seeking a job. |
| どこかに私の経歴にみあった職場をご存知ありませんか。 | Do you know a position suitable for my career? |
| 私が働けるような職場をご紹介いただけないでしょうか。 | Would you introduce a company that would employ me? |
| 日本人の私が働ける職場を探してはいただけないでしょうか。 | Would you please find a job that a Japanese like me could manage. |
| その業界で長く働いていらっしゃるあなたに、口をきいていただけるとありがたいのですが。 | I would be much obliged if you would act as a go-between because you have been working in that world for a long time. |

## 3-① 恐縮している気持ちを伝える

| | |
|---|---|
| 身勝手なお願いではございますが、なにとぞよろしくお願いいたします。 | I know I am asking too much, but I have to beg you to do it. |
| お忙しいことと存じますが、どうかお力添えください。 | If you can find time in your busy schedule please offer me some assistance. |
| 急にこのようなお願いを申し上げ、ご迷惑かとも存じますが、どうか事情をお察しください。 | I know very well such a sudden request will give you great trouble. But please understand my situation. |
| あなたにこのようなお願いをするのは見当違いと思われるかもしれませんが、あなたのほかに頼れる人はいないのです。 | You might feel that I was in the wrong asking such a request of you. But I have no one to look to but you. |
| 私の一方的な要請に対して、あなたからのご寛容なお返事をいただけますことを願っております。 | I am looking forward to receiving your generous reply to my one-sided request. |
| 失礼をかえりみず、このようなお願いをいたしますことをどうかお許しください。 | Please forgive me for asking such a request of you without politeness. |

## 3-② 就職先の紹介をお願いする結びの言葉

| | |
|---|---|
| よいお返事をお待ちしております。どうか私の夢の実現のためにあなたのお力をお貸しください。 | I am waiting for your favorable answer. Would you please help me to realize my dream? |
| あなたから、うれしいニュースが届くことを、心待ちにしております。 | I look forward to your good news. |

★就職についての手紙(2) 就職先の紹介のお願い

## 履歴書
★基本的な英文履歴書

### 例文

Ichiro Tanaka      1-3-15 Kanda-ogawa-cho,
                   Chiyoda-ku, Tokyo, Japan 101-0052
                   Phone : 03-3333-3333
                   Fax : 03-3333-3334
                   E-mail : ichiro@jp.com

**OBJECTIVE:**
① Seeking an opportunity to use excellent analytical and problem solving skills.

**EDUCATION:**

| | |
|---|---|
| March 199X | Graduated in economics from Seibi University, Tokyo |
| April 199X -March 199X | Studied as an exchange student at University of California, in the United States |
| March 199X | Graduated from Seibi High School, Tokyo |

**WORK EXPERIENCE:**

| | |
|---|---|
| April 200X to present | Chiyoda Trading Co., Ltd. as a commodities trader
② *Researched appropriate market indices to successfully make profitable trading decisions.
*Managed account risk by maintaining positions in the futures market. |
| April 199X -March 200X | SDS Inc., Tokyo as an intern
*Assisted in managing client portfolios.
*Researched prospective companies and markets for customers.
*Created account databases. |

point! 英文履歴書は一般的にはレジュメ(Resume)と呼ばれ、日本語の履歴書とは形式が異なります。学歴や職歴などは新しいものから順に書いていくので、よく注意しましょう。

★履歴書 基本的な英文履歴書

対訳

田中一郎

〒101-0052
東京都千代田区神田小川町1-3-15
電話番号(03)3333-3333
ＦＡＸ番号(03)3333-3334
メールアドレス　Ichiro@jp.com

希望職種：
① 分析的能力と並外れた問題解決能力を役立てる仕事を探しています。

学歴：
199X年3月　　　　　成美大学（東京）
　　　　　　　　　　経済学部卒業
199X年4月　　　　　カリフォルニア大学（アメリカ）
　-199X年3月　　　 交換留学生
199X年3月　　　　　成美高校（東京）卒業

学歴や職歴は新しいものから順に書いていく

職歴：
200X年4月　　　　　千代田商事
　-現在　　　　　　商品取引員
② 　　　　　　　　＊取引の際、有益な決断ができるように必要な市場の指針を研究した。
　　　　　　　　　＊先物市場で、持高を維持することでリスクを回避した。
199X年4月　　　　　エス・ディー・エス株式会社（東京）
　-200X年3月　　　 実習生
　　　　　　　　　＊顧客のポートフォリオ管理の助手。
　　　　　　　　　＊顧客のために有望な会社や市場を研究した。
　　　　　　　　　＊計算のデータベースを作成した。

| | |
|---|---|
| April 199X<br>-March 199X | Far East Company Inc., Tokyo<br>as an intern for the president's office<br>*Assisted the head of the Public Relations Department.<br>*Created correspondence according to head's of the department requests.<br>*Maintained and organized databases for department correspondence. |

ACTIVITIES:

　*International Trade Research Fraternity
(3)
　as a graduate advisor and a liaison between the Undergraduate Chapter and the International Fraternity Headquarters
　*East Japan Traders' Association
　Registered as a futures trader.

COMPUTER SKILLS:

　*Proficient in the use of programs such as Excel,
(4)
　Word, WordPerfect, Lotus123, Freelance, and PowerPoint.

LANGUAGE SKILLS:

　*Fluent in English : TOEFL 199X, score 690 points
(5)
　　　　　　　　　　　TOEIC 200X, score 840 points

**覚えておきたい表現**

resume＝履歴書　　objective＝希望職種
education＝学歴　　work experience＝職歴
intern＝実習生　　activities＝活動
computer skills＝コンピュータ技能
language skills＝語学力
accomplishments＝業績
qualifications＝資格　　strengths＝長所
awards＝賞

| | |
|---|---|
| 199X年4月<br>－199X年3月 | ファー・イースト・カンパニー（東京）<br>社長室での実習<br>＊広報部部長の助手。<br>＊部長の依頼で文書を作成した。<br>＊部の文書のデータベースのメンテナンスや整理をした。 |
| 活動： | ＊国際貿易研究サークル－卒業生のアドバイザー、学生会と国際協同団体本部との連絡係。<br>＊東日本貿易業者連合－貿易業者として登録された。 |
| 特技・技能： | ＊コンピューター－エクセル、ワード、ワードパーフェクト、ロータス123、フリーランス、パワーポイントなどのプログロムに精通。 |
| 英語： | ＊199X年　TOEFL　690点<br>　200X年　TOEIC　840点 |

★履歴書　基本的な英文履歴書

## さしかえ文例

### ① 希望職種

生産管理システムに関しては熟知しており、その知識を生かすべくシステムエンジニアを希望します。

Hoping to be a systems engineer to make use of my knowledge about production control systems.

| | |
|---|---|
| コンピューター・プログラム管理の経験は豊富なので、それに関連する職種では即戦力として勤務可能です。 | Being able to begin working right away for a job relating to computer program control that I have a lot of experience with. |
| これまでの職務経験で得た技術やトレーニングを役立てるべく、貴社のコンサルタント業務に携わることができればと思っています。 | Wishing to engage in consultant services for your company to make use of my skills and training I gained through my professional experience. |

## ② 職歴

| | |
|---|---|
| 買掛システム・仕入管理システムの開発を行う。 | Developed credit purchase system and purchase control system. |
| 市況や投資に関わる調査などの最新情報を顧客に提供。 | Provided to customers the newest information about market and investment research. |
| 自社製品のアメリカおよび国外での広報活動を担当した。 | Took charge of public relations of our products in the United States and abroad. |
| 受理した文書を中央処理システムに記録する。 | Registered received documents into Central Processing System. |

## ③ 活動

| | |
|---|---|
| ワンダーホーゲル愛好会－年予算と財政の管理。 | Wandervogel Circle - Management of annual budget and finance. |
| 環境保護問題研究会－会の刊行物「オアシス」の編集委員。 | The Environmental Protection Problem Research Institute - as an editor of the bulletin "Oasis." |

| | |
|---|---|
| 日豪友好親善協会－年4回行われるチャリティのイベント・コーディネート。 | The Japan-Australia Friendship Association - Coordination of charity events, 4 times a year. |

## ④ 特技・技能

| | |
|---|---|
| 外国語－スペイン語の読解および会話 | Language skills - Fluent in written and spoken Spanish |
| 空手－極真流三段 | Karate - holding the third grade in the Kyokushin Karate |
| 茶道－裏千家 | The art of tea ceremony - The Urasenke Tradition of Tea |

## ⑤ 英語

| | |
|---|---|
| 200X年　実用英語技能検定1級合格（文部科学省認定） | Succeeded in the First Grade of the Step Test in Practical English Proficiency, 200X. (Authorized by the Japanese Ministry of Education, Culture, Sports, Science and Technology) |
| 200X年5月　国際秘書検定（CBS）合格 | Passed the Certified Bilingual Secretary Examination (CBS), May 200X. |
| 200X年9月　英語通訳ガイド国家資格（国土交通省）取得 | Certified as an Accredited Interpreter in English by the Ministry of Land, Infrastructure and Transport, September 200X. |
| 200X年11月　プロフェッショナル・エンジニア（PE）資格取得 | Certified as a Professional Engineer (PE), November 200X. |

★履歴書　基本的な英文履歴書

# 紹介状
★訪問・面会のための紹介

**例文**

Dear Gilbert,

1　①I would like to introduce to you Mr. Seiji Nakamura, one of my juniors at university. ②He is going to stay in New York for one year from next month for the purpose of studying designs.

2　①He said to me that he would like to see you at this opportunity and discuss with you about your great success as a designer. ②If you have some time to spare, would you please see him and talk with him?

3　①Since he is a hard worker with a serious character, I believe you would find him a good person. ②I would be much obliged if you could give him some advice so as to let him make the proper choices to be a successful designer.

With kind regards,
Akira Hasegawa

**覚えておきたい表現**

junior＝後輩　　senior＝先輩
for the purpose of～ing＝～の目的で　　design＝デザイン
designer＝デザイナー　　at this opportunity＝この機会に
discuss with～＝～と話し合う　　talk with～＝～と話し合う
spare some time＝時間を割く
hard worker＝努力家　　serious character＝真面目な性格
give some advice＝アドバイスする　　so as to＝～するように
proper choice＝適切な選択

## さしかえ文例

### 1-① 用件を伝える

私の学生時代からの親友である黒部康志君をご紹介申し上げます。

I am writing this letter to introduce Mr. Yasushi Kurobe, my best friend since our school days.

> **point!** 欧米の社会では、紹介状や推薦状が大変重要視されます。紹介状では、紹介者と紹介される人物との関係、紹介の目的等をはっきりと記しておくようにしましょう。

★紹介状　訪問・面会のための紹介

**対訳**

ギルバート様

1　①私の大学の後輩である中村誠治君をご紹介させていただきます。②彼は、デザインの勉強のため、来月から１年間ニューヨークに滞在することになっています。

2　①彼は、この機会に、デザイナーとして成功されている貴兄に会って、ぜひお話をうかがいたいと申しております。②もしお時間に余裕がございましたら、彼に会ってやってはいただけないでしょうか。

3　①彼はまじめな努力家ですから、あなたもきっと気に入られることと思います。②彼に会って、デザイナーとして成功するためのアドバイスをしていただけましたら幸いに存じます。

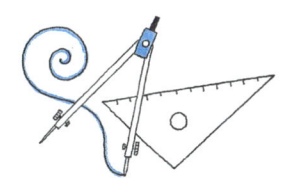

敬具
長谷川享

| | |
|---|---|
| この手紙は、私の教え子の浜口佐和子さんをご紹介するものです。 | This letter is to introduce Ms. Sawako Hamaguchi, one of my students. |
| 私の同僚の小野信一君について紹介させてください。 | Let me introduce Mr. Shinichi Ono, one of my fellow workers. |
| 本状持参の者は寺島昭子と申しまして、わたしの古くからの友人です。 | The person who brings this letter is my old friend Ms. Akiko Terashima. |
| この手紙の持参者は、私が最も信頼を寄せている後輩の川崎伸吾と申します。 | The young man who takes this letter with him is Mr. Shingo Kawasaki, one of my juniors I can trust completely. |

207

## 1 - ② 紹介の人物の予定を伝える

| | |
|---|---|
| 彼女は、夏休みを利用して貴国に語学留学することになりました。 | She will go to study English in your country during the summer vacation. |
| 彼女は、7月1日から10日間シドニーを観光してまわる予定です。 | She is planning to make a sightseeing tour in Sydney for ten days from July 1. |
| 彼は、国際会議に出席するため、来月貴国を訪れる予定です。 | He is scheduled to visit your country next month in order to attend an international conference. |
| 彼女は、この4月に出張でデトロイトを訪問します。 | She is to visit Detroit on a business trip next April. |

## 2 - ① 紹介の人物の心づもりを代弁する

| | |
|---|---|
| 彼女は、強くあなたとの面会を望んでいます。 | She is strongly expecting to see you. |
| 彼女は、あなたから直接意見をうかがいたいと申しております。 | She said that she would like to see you to ask your advice. |
| 彼は、斯界の権威である貴兄の指導をあおぎたいと切望しております。 | He earnestly desires to ask for your guidance because you are a great authority on the field. |

## 2 - ② 紹介の人物との面会をお願いする

| | |
|---|---|
| 彼女にお会いいただければ幸いに存じます。 | I would appreciate it if you could see her. |
| もしよろしければ、彼とご面会いただけないでしょうか。 | If it will be possible, would you see him and discuss with him? |

| | |
|---|---|
| 彼女のために、お時間を割いていただけましたら大変にありがたいのですが。 | I would be most thankful if you would spare some time to see her. |
| 彼にお会いいただき、ご指導をいただけましたら、私としても誠にうれしく存じます。 | I would be very grateful if you could see him and give him some guidance. |
| お忙しいとは存じますが、彼のために面会の時間をおつくりいただけないでしょうか。 | I am sorry to trouble you when you are busy, but could you please spare some time to see him? |

## 3-① 紹介の人物をほめる

| | |
|---|---|
| 彼女はとても礼儀正しいので、貴兄が会って不快な思いをするといったこともないはずです。 | As she is a well-mannered person, it is very unlikely that you will feel displeased with her. |
| 彼は人を笑わせるのが得意な、大変おもしろい人物です。 | He is a pleasant fellow who likes to make everybody laugh. |

## 3-② 紹介状の結びの言葉

| | |
|---|---|
| その節は、よろしくご助力のほどお願いいたします。 | Thank you for your kind assistance on that occasion. |
| ぜひ彼に何か助言をいただけますようお願いいたします。 | I would like to ask you to give him some advice. |
| 彼女にご高配を賜りますようお願い申し上げます。 | Thank you very much for your kind consideration to her. |
| 彼女をよろしくお願いいたします。 | I trust you will take good care of her. |

★紹介状 訪問・面会のための紹介

# 推薦状
★就職などのための推薦

### 例文

Dear Sir:

1  ①Today I am writing this letter to recommend Ms. Noriko Sawai. ②Since she is eager to get work in your school, she applied for the position of your staff.

2  ①Ms. Sawai has worked in our school for two years as an instructor in Japanese. ②She tackled her task with great enthusiasm, showing excellent leadership. As she has a cheerful and friendly disposition, every student in our school loved her very much.

3  ①I would like to recommend her without any conditions because I believe that she is really a talented person who will be useful for your school.

Respectfully yours,
*Tamie Yoneda*

### 覚えておきたい表現

recommend＝推薦する　　be eager to＝熱望する
get work＝就職する　　apply for＝～に応募する　　position＝職、勤め口
staff＝職員　　tackle a task＝仕事に取り組む　　with enthusiasm＝意欲的に
excellent leadership＝卓越した指導力
cheerful＝明るい　　friendly＝親しみやすい　　disposition＝性質、人柄
without any conditions＝無条件で　　talented person＝逸材
useful＝役に立つ

## さしかえ文例

### 1-① 用件を伝える

ぜひとも貴社へ推薦したい、優秀な人材をご紹介したいと思います。

I would like to introduce a talented person that I want to recommend to your company.

> **point!** 推薦状を書く場合は、推薦する人物について、それなりの責任が生じることを覚悟しなければなりません。大変に重要なものですから、軽々しく書くことは慎みましょう。

## ★推薦状 就職などのための推薦

### 対訳

拝啓

**1**
①本日は、沢井範子さんをぜひ推薦いたしたく、ペンをとらせていただきました。
②彼女は、貴校への就職を熱望し、このたびの貴校の職員募集に、応募いたしました。

**2**
①沢井さんは日本語の講師として、2年間、私どもの学校に勤めてきました。
②彼女は、他の誰よりも意欲的で、卓越した指導力をもっております。それに加えて、彼女は明るく親しみやすい人柄で、どの生徒からも大変慕われておりました。

**3**
①彼女が、貴校にとって必ずお役に立てる逸材であると信じ、無条件でご推薦申し上げます。

敬具
米田多美江

| | |
|---|---|
| 貴社にとって最適と思われる、優れた人物をご紹介いたします。 | Let me introduce an excellent person who is most suitable for your company. |
| 鹿島義行君を、御社へご推薦申し上げます。 | I am pleased to recommend Mr. Yoshiyuki Kashima to your company. |
| 来春、成美大学を卒業予定の東野美佳さんを、ここに推薦申し上げます。 | I would recommend Ms. Mika Higashino who will graduate from Seibi University next spring. |
| 篠崎弥生さんは、御社の受付係としては適任と存じ、僭越ながら推薦させていただきます。 | Please allow me to recommend Ms. Yayoi Shinozaki because I found her to be the right person for a receptionist |

| | at your company. |
|---|---|
| 御社への就職を希望している藤原正宏君を、私は自信をもって推薦いたします。 | I can confidently recommend Mr. Masahiro Fujiwara who wants to find a position in your company. |
| 私は浜田恭子さんを、当社での優秀な実績に鑑みて、喜んで推薦する次第です。 | I am proud to recommend Ms. Kyoko Hamada to you according to her excellent results in our company. |

## 1-② 推薦する人物の心づもりを代弁する

| | |
|---|---|
| 彼女は、貴社への就職を切望しております。 | She eagerly wishes to get a job in your company. |
| 彼女は、これまでの自分の経験と能力を貴社において活かすことを希望しています。 | She is hoping to make use of her experience and ability in your company. |
| 彼にとっても、貴社への就職は大きな飛躍となることにまちがいありません。 | I am sure that he will make a great leap forward if he can get a position in your company. |

## 2-① 推薦する人物の実績を伝える

| | |
|---|---|
| 彼女は小社において、販売員として5年間の実績があります。 | She has working experience for five years as a saleswoman in our company. |
| 彼女は秘書として、私のもとで3年間働きました。 | She was in my employ as a secretary for three years. |
| 彼は昨年、本学経済学部を首席で卒業いたしました。 | He graduated first on the list of the faculty of economics of our university last year. |

| | |
|---|---|
| 彼は、これまで、小社の専属カメラマンとして大いに貢献してくれました。 | He has made a great contribution to us as a photographer attached to our company. |
| 彼女は、今年3月までABCファイナンシャルの営業係長として活躍しておりました。 | She had been working as a chief of the business section in ABC Financial until last March. |

## 2-② 推薦する人物の能力や人柄をほめる

| | |
|---|---|
| 彼女は、聡明であるだけでなく、何より勤勉です。 | She is not only intelligent but also industrious. |
| 当校における彼女の評価は、大変高く、非のうちどころがありません。 | Her achievements in our school were highly evaluated, or rather perfect. |
| 彼の強い向学心には、私もいつも感心しております。 | I have frequently been impressed with his great desire for learning. |
| 私は、彼ほど熱意をもって仕事にうちこむ人を知りません。 | I do not know any other person who can devote himself to his work with such a great enthusiasm. |
| 彼女の人柄は、協調性の点で申し分ないでしょう。 | I know very well that she has a perfect harmonious disposition. |
| 弊社での彼女の仕事ぶりを示すデータを、別紙として同封いたします。 | I am enclosing the information about her achievements in our company. |

★推薦状　就職などのための推薦

## 能力や人柄に関する単語

| | | | |
|---|---|---|---|
| 優秀な | excellent | 人望の厚い | popular |
| 勤勉な | industrious | 思慮深い | thoughtful |
| 聡明な | intelligent | 思いやりのある | considerate |
| 誠実な | sincere | 向学心の強い | eager to learn |
| 快活な | cheerful | 責任感の強い | strong sense of responsibility |
| 熱心な | eager | | |
| 正直な | honest | 信頼に足る | reliable, trustworthy, dependable |
| 親切な | kind | | |
| 理知的な | intellectual | 才能あふれる | talented, gifted |
| 語学堪能な | proficient in languages | 前途洋々の | promising |
| 経験豊富な | have a lot of experience | ユーモアがある | humorous |
| 忍耐強い | patient | | |

## 3-① 推薦状の結びの言葉

| | |
|---|---|
| 彼女が、御社にとって貴重な人材となることを確信しています。 | I am confident that she will become a useful person for your company. |
| 彼を貴社に受け入れていただければ、誠に幸いに存じます。 | It would be greatly appreciated if you would accept him. |
| 彼女が、貴校の講師として最適の人物であることを保証いたします。 | I can guarantee that she is the most suitable person as an instructor at your school. |
| 彼女を、私が全幅の信頼をおく人物として、何の躊躇もなく推薦いたします。 | I would recommend her without reservation for a person I can trust completely. |
| 貴社において、彼女はますますその才能を開花させることと確信しております。 | I am certain that her genius will flower more and more in your firm. |

# PART 6

## ほんの数行で喜ばれる
## カードを出そう

いつでも手軽に書けるカード。
短い文章であなたの思いを伝えましょう。

お祝いのカード
正式な招待状と返信
お見舞い・お悔やみのカード
通知のカード

# カードの書き方（1）
★お祝いのカード

## 誕生日

**例文**

Dear Christina,
Congratulations on your birthday! ← 気持ちのこもった簡潔な一言を
May you enjoy many more anniversaries - each happier than the one before!

On your special day

署名は自筆で → *Minako*

## クリスマスカード・年賀状

**例文**

Dear Joseph and all the family,
My best wishes to you
for a happy and joyful Christmas and
a hopeful New Year!

← クリスマスカードと年賀状を兼ねた年末年始のグリーティングカードとして送るのが一般的

*Michiru Shinozaki*

### 覚えておきたい表現

congratulations＝おめでとう　　birthday＝誕生日
anniversary＝（毎年の）記念日
my best wishes for＝〜することを心から祈る
Christmas＝クリスマス　　hopeful＝希望に満ちた
New Year＝新年

**point!** カードは、短いフレーズで、自分の気持ちを端的に伝えることができ、とても便利です。贈り物をするときも、品物を送るだけでなく、カードを添えるようにしましょう。

★カードの書き方(1) お祝いのカード（誕生日）

**対訳**

クリスティーナ様
お誕生日おめでとうございます。
あなたの幸福なお誕生日が、幾久しく繰り返されますように。

この特別な日に
美奈子

**対訳**

親愛なるジョセフとご家族の皆様
幸せと喜びに満ちたクリスマスと
希望に満ちた新年が
皆様に訪れますよう
心よりお祈りしています。

篠崎みちる

## 誕生日

| | |
|---|---|
| 19歳のお誕生日、本当におめでとう！ | Congratulations on your nineteenth birthday! |
| あなたの21回目のお誕生日を心よりお祝い申し上げます。 | I heartily congratulate you on your twenty-first birthday! |

217

| | |
|---|---|
| 幸福なお誕生日を心から祝します。 | Many happy returns of your birthday! |
| 遠い日本より、心からお誕生日のお祝いを申し上げます。 | I offer you my hearty wishes for your happy birthday from Japan! |
| あなたのお誕生日がとびきりすばらしいものでありますように。 | May your birthday be the very best day! |
| あなたの未来が、幸運に恵まれますように。 | I wish you the best of luck in the future! |
| あなたのお誕生日が、幸福と希望で満ちあふれていることを願っています。 | Best wishes for your birthday full of happiness and hope! |

## クリスマス・新年

| | |
|---|---|
| クリスマス、そして新年おめでとうございます。 | I wish you a Merry Christmas and a Happy New Year! |
| メリークリスマス、そしてよい新年をお迎えください。 | Our best wishes to you for a Merry Christmas and a Happy New Year! |
| 希望と幸福に満ちたクリスマスと新年でありますように。 | May your Christmas and New Year's days be filled with hope and happiness! |
| あなたとご家族に楽しいクリスマスが訪れますようにお祈りいたします。 | Best wishes to you and your family for a joyful Christmas! |
| クリスマスの喜びと平和が、いつもあなたとともにありますように。 | May the joys and peace of Christmas stay with you all the time! |
| 実り多き新年をお祈りいたします。 | Our best wishes to you for a prosperous New Year! |

| | |
|---|---|
| あなたにとって来年が幸多き年でありますように。 | We wish you all the best in the coming year! |
| 心をこめて季節のご挨拶をあなたとご家族にお送りいたします。 | We offer you and your family hearty greetings for this bright season! |

> **アドバイス**
>
> **クリスマスカード・年賀状**
>
> 年賀状を取り交わす習慣は日本独自に発展したもので、キリスト教徒の多い欧米では新年よりもクリスマスを盛大に祝います。クリスマスカードをやりとりして、来るべき新年への願いもそれに込めるのが一般的です。
> 相手の宗教を知らない場合は、宗教的な文言は避けたほうが無難でしょう。相手がクリスチャンでない場合は、クリスマスやイースターを祝う言葉を避けて、ただ季節のご挨拶(**season's greetings**)としておきましょう。

## 婚約・結婚

| | |
|---|---|
| 結婚おめでとう！ | Congratulations on your marriage!<br>I wish you every happiness! |
| ご婚約おめでとうございます。 | Congratulations on your engagement!<br>My best wishes for your engagement! |
| お二人の新しい門出に、私の最大の祝福を送ります。 | My heartiest congratulations to you both for the start of your married life! |
| 年齢を重ねるごとに、お二人のお幸せも増していくよう祈っています。 | I wish both of you greater happiness year by year! |
| お二人の新しい生活が、いつまでも幸せで豊かなものでありますように。 | May your married life be happy and prosperous forever! |

★カードの書き方(1) お祝いのカード(誕生日／クリスマス・新年／婚約・結婚)

| | |
|---|---|
| お二人の末永い愛と幸福を心よりお祈りいたしております。 | I wish you both many years of love and happiness! |
| お二人の幸福な未来を心から願っています。 | May your future be filled with much happiness and good fortune! |

## 出産

| | |
|---|---|
| 赤ちゃん誕生おめでとう！ | Congratulations on the birth of your baby! |
| かわいい男の子のご誕生おめでとうございます。 | I heartily congratulate you on the arrival of your lovely baby boy! |
| 元気な女の子のご誕生、心よりお喜び申し上げます。 | I am delighted to hear of the arrival of your healthy baby girl! |
| かわいい赤ちゃんとあなたの健康に乾杯！ | Cheers! To your health and to your lovely baby! |
| 赤ちゃんは、きっとお母さんのように美しい女性に成長することでしょう。 | I am sure that your baby will become a beautiful woman like her mother. |
| お嬢様とご家族の皆様に幸多かれとお祈り申し上げます。 | I sincerely wish your daughter and your family the best of luck. |

## 卒業・入学・就職

| | |
|---|---|
| あなたの大学卒業を心よりお喜び申し上げます。 | Let me offer you my hearty congratulations on your graduation from university! |
| 入学おめでとう！ | Congratulations on your entrance into the school! |
| ハーバード大学合格、本当におめでとうございます。 | I heartily congratulate you on your success in the entrance examination to Harvard. |
| あなたの新しい門出に、心よりのお祝いを申し上げます。 | Please allow me to congratulate you on the start of your new life. |
| これからのご活躍を期待しています。 | I look forward to your success. |

## 快気・退院

| | |
|---|---|
| 病気のご快復おめでとうございます。 | Congratulations on your early recovery from your sickness! |
| めでたくご退院とのこと、心よりお祝い申し上げます。 | I heartily congratulate you on your return from hospital. |
| 全快されたと聞いて、とても喜んでいます。 | I am delighted to hear about your complete recovery. |
| 今後は健康第一に、くれぐれもご自愛ください。 | In the first place, please take good care of your health. |

★カードの書き方(1)　お祝いのカード（婚約・結婚／出産／卒業・入学・就職／快気・退院）

# カードの書き方（2）
★正式な招待状と返信

## 正式な招待状

**例文**

主文はすべてセンタリング →

Mr. and Mrs. Masaki Kitamura
request the pleasure of your company
at a dinner party
on Saturday, the twenty-first of September
at six o'clock.
Hotel Prince
R.S.V.P.
Formal Dress

算用数字は用いない

**覚えておきたい表現**

request＝頼む、願う　　pleasure＝喜び
company＝同伴、同席　　dinner party＝晩餐会　　formal dress＝正装

## 招待状

11月17日木曜日午後6時よりレストラン"スウィート・ベイジル"で行われる渡辺英文の60歳の誕生日を祝う晩餐会へ、渡辺貴美子より謹んでご招待申し上げます。

Kimiko Watanabe cordially invites you to a dinner party celebrating the sixtieth birthday of Hidefumi Watanabe on Thursday, the seventeenth of November, at six o'clock, restaurant Sweet Basil.

山川健二夫妻は、来る10月21日土曜日午前11時30分より拙宅にて昼食会を催したく、ロン・グレイ夫妻にご臨席をお願い申し上げます。

Mr. and Mrs. Kenji Yamakawa request the pleasure of Mr. and Mrs. Lon Gray's company at a luncheon party on Saturday, the twenty-first of October, at half past eleven at our house.

**point!** 正式な招待状は、必ず敬称をつけた三人称で書き、主文はすべてセンタリングします。伝統的な書式としては、日時などを表す数字は算用数字を用いず、文字表記で書くのが一般的です。

**★カードの書き方(2) 正式な招待状と返信（招待状）**

**対訳**

　　　　　北村正樹夫妻は
　　　来る9月21日土曜日午後6時より
　　　　　ホテル・プリンスにて、
　　　　　晩餐会を催したく
　　　ここにご案内申し上げます。
　ご出席の有無をご一報いただければ幸いです。
　　　どうか正装でおいでください。

| | |
|---|---|
| 井原和明氏は、200X年12月24日水曜日8時よりカフェバー"ペニーレーン"において開催されるクリスマスパーティーへ、あなたをご招待申し上げます。 | Mr. Kazuaki Ihara cordially invites you to a Christmas party on Wednesday, the twenty-fourth of December, two thousand XXX, at eight o'clock, Café Bar Penny Lane. |
| 7月20日までにご返事ください。 | R.S.V.P. by the twentieth of July, please. |
| 同封のはがきでご返事願います。 | R.S.V.P. by enclosed card. |
| 欠席の場合のみ、お知らせください。 | R.S.V.P. by Regrets Only. |

R.S.V.P.は、フランス語の Repondez s'il vous plait. の略で「ご返事をください」という意味の決まり文句。

## 正式な招待状への返信1　出席する場合

**例文**

主文はすべて
センタリング →

Ms. Namie Fujisawa

accept with pleasure

the kind invitation of

Ms. Anita Faithful

And

Mr. Alfred Anderson

to their marriage on

Sunday, the seventh of June

at two o'clock

Saint Sebastian Church

Reception following

← 算用数字は用いない

## 正式な招待状への返信2　欠席する場合

**例文**

Mr. and Mrs. Yoshikazu Shinohara

regret that

because of a previous engagement

they are unable to accept

the kind invitation of

Mr. and Mrs. Mayor

to a cocktail party

Saturday, the seventh of March

Best wishes for a successful party.

### 覚えておきたい表現

accept＝（招待を）受諾する
with pleasure＝喜んで　　invitation＝招待
marriage＝結婚式　　reception＝披露宴
regret＝残念に思う　　because of＝〜のために（原因）
previous engagement＝先約
be unable to＝〜できない
cocktail party＝カクテルパーティー

## ★カードの書き方(2) 正式な招待状と返信

**対訳**

藤沢奈美江は

6月7日日曜日　午後2時より

聖セバスチャン教会にて催される

アルフレッド・アンダーソン氏と

アニタ・フェイスフル嬢の

ご結婚式ならびにご披露宴へのご招待を

謹んでお受けいたします。

**対訳**

私ども篠原義和夫妻は

誠に残念なことに

先約がございますため、

メイヤーご夫妻よりお招きいただきました

3月7日土曜日のカクテルパーティーへ

出席することができません。

パーティーのご成功をお祈りいたします。

## 出席の返事

橋本一夫は、アーサー・ブラウン夫妻の４月30日水曜日の夕食会へのご招待に感謝し、喜んでお受けいたします。

Mr. Kazuo Hashimoto accepts with pleasure and appreciation the kind invitation of Mr. and Mrs. Arthur Brown to dinner on Wednesday, the thirtieth of April.

---

大木亨夫妻は、６月12日（日曜日）午後１時に催されるアーノルド・エバンス夫妻のお嬢様の結婚式に、また引き続き行われる披露宴に謹んで出席いたします。

Mr. and Mrs. Toru Oki accept with great pleasure the kind invitation of Mr. and Mrs. Arnold Evans to the marriage of their daughter on Sunday, the twelfth of June, at one o'clock and the reception to follow.

## 欠席の返事

峰村敏郎は、お嬢様の結婚式にご招待を賜りましたが、その日はあいにく商用で当地を離れるため、出席できないことを大変残念に存じます。

Mr. Toshiro Minemura regrets that because of absence on business trip on that day he is unable to accept the kind invitation to your daughter's wedding.

---

神崎茂治は９月12日火曜日にタワーホールで開催されるレセプションには、誠に残念ながら先約がありますため欠席させていただきます。

Mr. Shigeharu Kanzaki regrets that because of a previous appointment he is unable to attend the reception to be held on Tuesday, the twelfth of September, at Tower Hall.

## その他

井上志津子は12月1日のマーク・サリバン夫妻のご親切な招待を喜んでお受けいたしますが、残念ながら井上隆司は本人出張中のため辞退させていただきます。

Ms. Shizuko Inoue accepts with pleasure the kind invitation of Mr. and Mrs. Mark Sullivan on the first of December but regrets that Mr. Takashi Inoue will be absent because of business trip at that time.

---

島津徳幸夫妻はきわめて残念ながら娘の急な入院のため、2月3日の懇親会への出席を取り消させていただきます。

Mr. and Mrs. Noriyuki Shimazu greatly regret the cancellation of their attendance to the social gathering for the third of February because their daughter suddenly entered the hospital.

---

**アドバイス**

### 服装の指定についての言葉

**White tie, Full dress（礼装）**
- 男性　ウィングカラー（立ち襟があり、その角が折り曲げられている礼装用の白いシャツ）に白い蝶ネクタイを締め、燕尾服を着用。
- 女性　最もフォーマルなロングドレス。

**Black tie, Formal dress（正装）**
- 男性　タキシードに黒の蝶ネクタイ（ダークスーツは不可）。
- 女性　正装用のドレス、カクテルドレス、長いイブニングドレスを着用。

**Informal, Semiformal（平服）**
- 男性　黒または紺のスーツかジャケット。
- 女性　ドレス（必ずしもロングでなくても可）、またはドレッシーなトップスとパンツでもよい。但し、ジーンズやTシャツの着用は避ける。

**Casual（普段着）**カジュアルとはいえ、スポーティーすぎるものは不可。
- 男性　ブレザーに派手すぎないズボン程度のものを。
- 女性　それに準じた服装で。

**Costume（仮装）**ハロウィンパーティーなど会の趣旨に沿う。

# カードの書き方（３）
## ★お見舞い・お悔やみのカード

### お見舞い状

**例文**

Dear Alfred,
I was so surprised to hear that you were in the hospital.
Best wishes for your speedy recovery.

*Akio*

### お悔やみ状

**例文**

Dear Margaret,
Please accept my most heartfelt condolences on your father's death.
I hope you will recover from your deep sorrow very soon.

With love and sympathy,

*Yayoi*

### 覚えておきたい表現

be in the hospital＝入院している
speedy recovery＝早い回復　　heartfelt＝心からの
condolences＝哀悼の言葉、お悔やみ
recover＝立ち直る　　sorrow＝悲しみ
sympathy＝お悔やみ

**point!** お見舞いやお悔やみの言葉は、あまり長々と書く必要はありません。少ない言葉で相手に誠意が伝わる文面となるよう心がけましょう。なるべく早く送るということも大切です。

★カードの書き方(3) お見舞い・お悔やみのカード（病気・けがへのお見舞い）

**対訳**

アルフレッド様
あなたが入院されていることを知り、大変驚きました。
一日も早く回復されることを心から祈っております。

　　　　　　　　　　　　　　　　　　　　昭夫

**対訳**

マーガレット様
あなたのお父様の訃報に接し、心よりお悔やみ申し上げます。
あなたがどうかこの悲しみを乗り越えられますように。

　　　　　　　　　　　　　　　　　愛と祈りをこめて
　　　　　　　　　　　　　　　　　　　　やよい

## 病気・けがへのお見舞い

| | |
|---|---|
| あなたがご病気だと伺い、とても心配しています。 | I am very much worried on hearing that you are sick. |
| あなたのご入院を知り、本当にお気の毒に思っています。 | I am so sorry to learn that you are in the hospital. |

| | |
|---|---|
| ご病気とのこと、大変びっくりいたしました。 | I was very surprised to learn about your illness. |
| ご病気が軽く、早く元気を取り戻されることを願っています。 | I hope that your illness will not be so serious and you will recover your health very soon. |
| どうか焦らず、ゆっくりとご静養なさってください。 | Please do not be in a hurry and take a comfortable rest. |
| あなたのお元気になられる日が近いことを確信しております。 | I am sure that you will soon be well. |
| 日本より、あなたの一日も早いご全快をお祈り申し上げております。 | We are hoping for your quick recovery from Japan. |
| お母様が、すぐにご健康を取り戻されますよう祈っております。 | I hope your mother will recover her health as quickly as possible. |
| 奥様の一日も早いご回復をお祈りいたします。 | I hope your wife will feel better soon. |

## 災害等へのお見舞い

| | |
|---|---|
| 先日そちらで大洪水があったそうですが、皆様ご無事でしたでしょうか。 | I was sorry to hear of recent flooding at your place. I hope you are all safe. |
| このたびのご不幸な出来事に、心よりお見舞い申し上げます。 | My thoughts are with all of you in this hard time. |
| 皆様が一日も早く元の生活に戻れますよう、心よりお祈り申し上げます。 | I hope that you will back to your usual life as soon as possible. |

| | |
|---|---|
| あなたとご家族に被害のないことを、心から祈っています。 | I am hoping that none of your family are injured. |
| 皆様がご無事でいらっしゃるよう、ずっと祈っておりました。 | I have prayed all the time that you are all safe. |
| よくぞ無事でいてくださいました。安心いたしました。 | It is a wonder that you were left alive. I was relieved to hear that. |
| 私で何かお力になれることがございましたら、どうかお知らせください。 | Please tell me if there is anything I can do for you. |

## お悔やみ

| | |
|---|---|
| あなたの深い悲しみに心より哀悼の意を表します。 | Please accept my sincerest sympathy for your deep grief. |
| 奥様がお亡くなりになったことを知り、私たちも心を痛めております。 | We felt great anxiety on hearing about your wife's death. |
| あなたのご子息の早すぎる死の知らせに、なんと悲しみを表してよいかわかりません。 | It seems impossible to express my sadness to learn about the untimely passing of your son. |
| お母様の訃報に接し、私どもも深い悲しみに包まれております。 | Our heart was filled with sorrow on hearing of your mother's death. |
| 一日も早く悲しみから立ち直られるよう心からお祈りしています。 | I am hoping that you will recover from your deep sorrow very soon. |
| どうか悲しみのあまりお体をこわされませんよう。 | Please take care not to injure your health because of your deep sadness. |

★カードの書き方(3) お見舞い・お悔やみのカード（病気・けがへのお見舞い／災害等へのお見舞い／お悔やみ）

# カードの書き方(4)
## ★通知のカード

### 公式な結婚通知

**例文**

主文はすべて
センタリング →

Mr. and Mrs. Hideto Hagiwara
are most happy to announce
that their daughter Yukari
married
Mr. Mark Wells
on Thursday, the twenty-first of September
two thousand and XXX
at Saint John Church in London.

← 算用数字は用いない

### 公式な出産通知

**例文**

Mr. Masayoshi Sawada and Mrs. Ryoko Sawada
are proud and happy to announce
the birth of their son Yoshiharu
on the seventeenth of July.

**覚えておきたい表現**

announce＝知らせる　　daughter＝娘
marry＝結婚する　　church＝教会
proud＝光栄に思う、誇りとする　　birth＝誕生

## 婚約・結婚

かねてより交際していた島崎仁志さんと、結婚することが決まりました。

I am most happy to announce the engagement to Mr. Hitoshi Shimazaki with whom I have kept company for a long time.

**point!** 結婚や出産、死亡などの公式な通知は、招待状と同じく文章をセンタリングします。手紙で通知するのもよいのですが、時間がなければ、ひとまずカードを出しましょう。

★カードの書き方(4) 通知のカード（婚約・結婚）

**対訳**

萩原秀人夫妻は
200X年9月21日木曜日
ロンドンの聖ヨハネ教会において
娘の由香利が
マーク・ウェルズ氏と
結婚いたしましたことを
謹んでお知らせ申し上げます。

**対訳**

沢田正義と涼子は
長男の義治が
7月17日に
誕生したことを
よろこんでお知らせいたします。

---

ダニエル・ハワードと後藤綾子は、去る4月16日カナダのモントリオールにて結婚しましたことをここにご報告いたします。

Daniel Howard and Ayako Goto announce that they got married on the sixteenth of April in Montreal, Canada.

伊藤真治とジーン・キャンベルは11月3日に結婚しましたので、お知らせ申し上げます。

Shinji Ito and Jean Campbell are pleased to announce that they have married on the third of November.

私たちは11月5日神戸クリスタルホテルにて、結婚式を挙げました。

We are delighted to inform you that we celebrated our wedding on the fifth of November at Kobe Crystal Hotel.

# 出産

| | |
|---|---|
| 坂口雄三と裕美は、長女の茉莉が8月26日に誕生したことをお知らせいたします。 | Yuzo Sakaguchi and Hiromi Sakaguchi are happy to announce the birth of their first daughter Mari on the twenty-sixth of August. |
| 4月20日、私たちに長男が誕生いたしましたことを、ここにご報告いたします。 | We are very glad to inform you that our first son was delivered on the twentieth of April. |
| 12月19日、わが家にかわいい女の子が生まれました。 | We have pleasure to inform you that our lovely baby girl joined our family on the nineteenth of December. |
| 去る1月8日、無事男の子を出産いたしました。 | I am so glad to announce that I successfully gave birth to a baby boy on the eighth of January. |
| 母子ともに元気です。 | Both my wife and child are doing very well. |
| 子どもは隼人と名付けました。 | We called the baby Hayato. |

# 転居

| | |
|---|---|
| 引っ越しました。 | Allow me to inform you that we have moved. |
| 先日下記の住所に転居いたしましたので、お知らせいたします。 | It is my pleasure to inform you that I have moved to the address below. |
| 来月から住所が変わります。 | This is to inform you of my new address from next month. |
| 夫の仕事の都合で、長年住み慣れた鎌倉を今月いっぱいで離れることになりました。 | We will leave Kamakura where we have lived for many years at the end of this month because of my husband's business. |
| 電話番号は、決まりしだいお知らせします。 | I will inform you of our new phone number as soon as it is connected. |
| 落ち着きしだい、お手紙差し上げます。 | I will write you as soon as I get used to our new house. |
| 日本にお越しの際には、どうぞお立ち寄りください。 | Please call at our new house when you visit to Japan. |
| 住所と電話番号は変わりましたが、Eメールアドレスはそのままです。 | Address and phone number have changed but e-mail address as before. |

★カードの書き方(4) 通知のカード（出産／転居）

# 入学・卒業

| | |
|---|---|
| この3月、無事大学を卒業いたしました。 | I finally graduated from university last March. |
| 3月21日、晴れて成美大学文学部を卒業することができました。 | I successfully graduated from the faculty of literature of Seibi University on March 21. |
| 第一志望の大学に合格することができましたことをお知らせいたします。 | I am pleased to announce to you that I succeeded in the entrance examination to the university of my first choice. |
| 9月からは、憧れのケンブリッジ大学の学生です。 | I will be a student of Cambridge in September. I have longed for this for many years. |
| 今月からワシントン大学に通うことになりましたので、ここにご挨拶申し上げます。 | I am happy to inform you that I will study at Washington University from this month. |
| 私の受験勉強を温かい言葉で励ましてくださり、本当にありがとうございました。 | I am most thankful that you encouraged me in my studies for the entrance examination with many hearty words. |
| 大学でも、勉強とスポーツを両立させてがんばろうと思います。 | I intend to be successful at both study and sports activities at university. |

## 就職・転職・退職等

| | |
|---|---|
| 就職が決まりました。 | I have got a position in a company. |
| 出版社に就職が決まりましたので、ここにご挨拶申し上げます。 | I am happy to inform you that I have found a job in a publishing company. |
| 私はこの３月に大学を卒業し、第一電機株式会社に就職いたしました。 | I graduated from university last March and have got work in Daiich Denki Inc. |
| 今月いっぱいで現在勤めている会社を辞め、来月からは株式会社野村商会へ勤務することになりました。 | After I leave my company at the end of this month, I will work in Nomura Trading Inc. from next month. |
| 今年３月をもちまして、星印製菓を定年退職いたしました。 | I left Hoshijirushi Seika at the fixed retirement age last March. |
| 私は、この度社命によりホノルル支社に転任することになりました。 | I will be transferred to the Honolulu Branch by a company order. |
| 私の再就職のことで、いろいろご心配いただきありがとうございました。 | I am very grateful to you for your kind consideration to get my new job. |
| これまでの経験を生かし、新しい職場でも精一杯がんばるつもりです。 | I am going to work as hard as possible at the new position in making use my experience. |
| 今後とも、これまで同様のご支援を賜りますようお願い申し上げます。 | I trust I will be able to call on your assistance again in future. |

★カードの書き方(4) 通知のカード（入学・卒業／就職・転職・退職等）

## 公式な死亡通知

**例文**

Mrs. Mary McGuire
announces
with great sadness
the death of
her dearest husband, Francis McGuire
on the sixth of May
two thousand and XXX.

**覚えておきたい表現**

with great sadness＝深い悲しみを込めて
dearest＝最愛の　　husband＝夫

## 死亡

| | |
|---|---|
| かねてより入院しておりました父峰夫が、今月4日他界いたしましたことをここにお知らせ申し上げます。 | We announce the death of our father, Mineo who had been in the hospital for a long time, on the fourth of this month. |
| 母八重子の逝去を、ここに深い悲しみをこめてご報告申し上げます。 | With great sadness we announce the passing of our mother, Yaeko. |
| 弟の和也が7月27日夕刻、交通事故のため急逝しましたことを取り急ぎお知らせいたします。 | I hasten to inform you that my younger brother, Kazuya was suddenly killed in a traffic accident on the evening of the twenty-seventh of July. |

**対訳**

> メアリー・マクガイアは
> 深い悲しみをこめて
> 200X年5月6日
> 最愛の夫　フランシス・マクガイアが
> 逝去いたしましたことを
> ここにお知らせいたします。

---

昨年より病気療養中であった祖母美枝子が、2月16日午前2時31分帰らぬ人となりました。

We regret to inform you that our grandmother, Mieko under medical treatment since last year, passed away at 2:31 a.m., February 16.

---

大変残念なお知らせですが、私の祖母が一昨日早朝に亡くなりました。

I am very sorry to inform you that my grandmother passed away early in the morning of the day before yesterday.

---

1月13日、祖父が、心臓発作のため亡くなりました。

It is my regret to inform you that my grandfather died of a heart attack on the thirteenth of January.

---

葬儀は9月14日木曜日午後1時より、サクラメントの聖ミカエル教会にてとり行います。

The funeral service will be held on Thursday, the fourteenth of September at one o'clock at Saint Michael Church in Sacramento.

---

ここに生前のご厚誼を深く感謝し、謹んでお知らせいたします。

With our great gratitude for your kindness in his lifetime, we sadly announce his death.

# 全快・退院

| | |
|---|---|
| 本日、父が無事退院いたしましたので、取り急ぎご報告申し上げます。 | I hasten to inform you that my father has finally been discharged from the hospital today. |
| あなたにもずいぶんご心配をおかけしましたが、母が昨日晴れて退院いたしました。 | I am sorry to have troubled you so much, but my mother fortunately left the hospital yesterday. |
| 病気がようやく全快し、昨日退院いたしました。 | I have finally recovered and left the hospital yesterday. |
| 今後は、リハビリに励むだけです。 | I have only to take rehabilitation training from now. |
| 手術の傷痕も、もうほとんど痛むことはなくなりました。 | I hardly feel any more pain in my operated wound. |
| 入院中は、いろいろとご心配をいただき、ありがとうございました。 | I am most thankful for your kind consideration while I was in the hospital. |
| 闘病中は、お見舞いのお手紙を何度もいただきまして、大変に励まされました。 | I was very much encouraged by your get-well letters whilst I struggled against the disease. |

# PART 7

## 使ってみたい
## ステップアップ文例集

用件さえ伝わればいい、という段階から
もうワンステップ、手紙に工夫をこらしてみましょう。

- 季節感をあらわす表現
- 喜怒哀楽をあらわす表現
- アメリカ合衆国の州名
- 親しくなったら使いたい愛称

# 季節感をあらわす表現
★四季折々の挨拶

## 春

春がきました。
Spring has come.

こちらは、もう春です。
We are already in the spring.

ようやく寒さもゆるんでまいりました。
It is finally getting less cold.

日に日に春めいてきました。
It is getting springlike day after day.

日本にも、ようやく春がやってきました。
Spring has finally arrived in Japan.

近頃、こちらはめっきり春らしくなりました。
Recently, it is getting quite springlike in our place.

当地にも、ようやく待ちに待った春がやってまいりました。
At last the long-awaited spring has come to here.

春になり、うららかな日和が続いています。
We are blessed with lovely spring weather for these days.

やわらかな春の日差しが心地よい頃となりました。
The pleasant season of gentle spring sunlight has come.

春の穏やかな風に誘われて、外出の機会も多くなりました。
The mild spring breeze tempts me to go out frequently.

日ごとに温かくなり、春の訪れが感じられる季節となりました。
It is getting warmer day by day and we can feel the coming of spring.

★季節感をあらわす表現

当地では今、桜の花が満開です。
　The cherry trees in this place are now in full bloom.

こちらは今、春真っ盛りで、桜の花が見頃です。
　Our district is now in the prime of spring and the cherry blossoms are at their best.

桜の花がほころびはじめました。こちらはもう春です。
　The buds of the cherry trees have begun to open. Our town is now in the spring.

日本の春は、桜、牡丹、藤などの花が咲き乱れ、とても美しい季節です。
　Spring is a very beautiful season in Japan when many kinds of spring flowers such as cherry blossoms, peonies or wisteria flowers are blooming all over.

## 梅雨

ここのところ、じめじめとしたいやな天気が続いています。
　Japan is going through a damp weather spell.

こちらでは、うっとうしい雨が毎日続いています。
　Most disagreeable rain has continued every day in our place.

日本では、毎年この時期に梅雨という雨の季節がやってきます。
　In Japan we have a rainy season called tsuyu at this time of the year.

こちらは雨の日続きで、外出するのもおっくうです。
　Because of a spell of rainy day I have become reluctant to go out.

東京は現在1ヵ月ほどの雨期に入っています。
　In Tokyo it is now the middle of the rainy season for one month.

もうすぐ夏です。
　Summer is getting near.

**season**

夏がそこまで来ています。
Summer is just around the corner.

## 夏

いよいよ夏の到来です。
Summer has really started.

暑さが、日ごとに厳しさを増しています。
The heat is getting more and more terrible day after day.

待ちに待った夏休みが始まりました。
The long-awaited summer vacation has finally begun.

夏空がまぶしく感じられる頃となりました。
The season we can feel glaring at the summer sky has come.

ビールのおいしい季節がやってきました。
The best season to drink a cold beer has started.

日本は、今夏真っ盛りです。
It is now in the midst of summer in Japan.

うだるような暑さが毎日続いています。
We have had continuous sweltering hot day.

今年の暑さは、ことのほか厳しく感じられます。
I feel the heat of this summer is exceptionally cruel.

猛暑続きの毎日で、夏バテぎみです。
Because of a spell of intense heat I am almost tired out.

連日の熱帯夜で、睡眠不足です。
I am lacking sleep because we had continuous sweltering night.

当地の夏の夜はとても蒸し暑く、寝苦しい日が続きます。
It is so sultry here on summer night that we

cannot sleep well at all.

日本の夏は、暑いうえに湿度が高く、すこぶる不快です。
Japanese summer is very uncomfortable because of high temperature and high humidity as well.

日本では、夏になると各地で大きな花火大会が開かれます。
In summer we enjoy a big exhibition of fireworks to be held in various places in Japan.

今年の夏は、例年に比べ少し涼しいようです。
This summer is slightly less hot than usual.

夏休みはどのようにお過ごしですか。
How are you enjoying the summer vacation?

夏休みを楽しんでいらっしゃることと思います。
I am sure that you are enjoying the summer holidays as much as you want.

そちらは、例年にない猛暑と聞きました。
I am sorry to hear that an unusual scorching heat is staying in your district.

# 秋

暑さもようやく峠を越しました。
The height of summer is now over.

ようやく暑い夏が終わりました。
The hot summer season has finally gone.

あたりに秋の気配が感じられる頃となりました。
I can feel signs of autumn in the air these days.

ここ京都でも、ようやく秋の訪れが感じられるようになりました。
At last we can feel the coming of autumn even here in Kyoto.

ようやく暑い夏も終わり、涼しい秋風が吹きはじめました。
The hot summer has finally passed and an autumn breeze began to blow.

枯れ葉の舞い散る秋がやってまいりました。
The autumn season the dead leaves falls down dancing in the wind has come.

木々の葉が、赤や黄色に美しく色づきはじめました。
The leaves began to change the color to red and yellow.

街路樹の楓の葉も、すっかり赤く染まりました。
Maple leaves on the roadsides have completely been tinged with red.

ここのところ、すがすがしい秋晴れが続いています。
We have a spell of nice autumn weather these days.

この秋、すでに2つの台風が日本を襲いました。
Two big typhoons have already hit Japan in this autumn.

読書の秋、スポーツの秋、食欲の秋、芸術の秋など、日本には秋を表す言葉がたくさんあります。
In Japan there are a lot of expressions representing the feature of autumn such as autumn for reading, autumn for sports, autumn for appetite, autumn for art, and so on.

日本では松茸というきのこが秋を代表する食べ物とされていますが、国産品はとても高価でなかなか手が出ません。
It is said in Japan that matsutake, a sort of mushroom, is one of typical foods of autumn. But domestic matsutake is too expensive to easily get.

## 冬

落ち葉が風に舞う季節となりました。
The season the wind scatters the fallen leaves has come.

★季節感をあらわす表現

吹く風に、冬の到来を感じるこの頃となりました。
 We can feel the arrival of winter season with the north wind.

初霜が降り、いよいよ冬の到来です。
 The first frost of the year informed us the arrival of winter season.

こちらは、日ごとに寒くなってまいりました。
 It is getting colder and colder day after day.

木枯らしの吹きすさぶ厳しい冬が、また今年もやってきました。
 The severe winter season with a cold wind has arrived.

今日、初雪が降りました。
 Today, it snowed for the first time of this year.

当地では、本格的な冬の到来を迎えました。
 The real winter season has arrived in this district.

今年の冬は、例年より温かいようです。
 In this winter I can feel warmer than usual.

今年は例年にない大雪で、雪かきが大変です。
 We have a heavy snowfall this year and we are very busy in snow shoveling.

今、家の外では吹雪が荒れ狂っています。
 At present a blizzard is raging outdoors.

子供たちは大喜びで、雪だるまを作ったり、雪合戦をしたりと大はしゃぎです。
 Children are delighted to make a snowman and to have a snowball fight making merry.

今朝起きて窓の外に目をやると、一面の雪景色が広がっていました。
 When I woke up in this morning and looked out the window, everything was covered with snow.

そちらでは、例年にない大雪が降ったと聞きました。
 I heard that it snowed unusually hard in your place.

地球の温暖化の影響なのか、東京では近年めっきり雪が見られなくなりました。
 In recent years we seldom have snowfall in Tokyo perhaps because of the global warming.

Feeling

# 喜怒哀楽をあらわす表現

## ★自分の気持ちを上手に伝える

## 喜び

喜びでいっぱいです。

I am filled with joy.

これほどうれしいことはありません。

Nothing gives me so much pleasure.

歓喜に包まれています。

I am enveloped in joy.

どんなにうれしかったことでしょう。

How happy I am!

どれほどうれしかったか想像できますか。

Can you imagine how happy I felt?

それは私にとって喜び以外の何ものでもありません。

It gives me nothing but pleasure.

喜びが全身を駆けめぐっています。

The joy circulates through the body.

言葉で言い表せないほどの喜びです。

I am unable to express my joy.

この喜びをなんと表現したらいいでしょう。

I cannot tell you how happy I am.

もうこんなにうれしいことは一生起きないかもしれません。

This may be the happiest experience of my lifetime.

この喜びは一生忘れないでしょう。

I will never forget this happiness as long as I live.

天にも昇る思いです。

I am so happy that I am in seventh heaven.

I am beside myself with joy.

# 怒り

強い憤りを覚えます。

I am feeling a strong indignation.

これほど怒ったことはないくらいです。

I have never been so angry as of this time.

この怒りをどこにぶつければいいのでしょうか。

To what can I direct my anger?

不愉快でなりません。

I cannot help being displeased.

もう堪忍袋の緒が切れました。

I am at the end of my rope.

My patience is exhausted.

I cannot stand it any longer.

こんなに立腹したことはありません。

It is the first time that I got as angry as this.

怒り心頭に発しています。

I am filled with anger.

I went into a rage.

怒りのあまり、全身がふるえたほどです。

I was so angry that I was shaking all over.

率直に言って、非常に腹立たしく思います。

Frankly speaking, this is a really exasperating case.

あなたには失望しました。

I was completely disappointed in you.

きわめて不快に感じます。

I feel extremely displeased.

遺憾に存じます。

It is indeed regrettable.

I express my most sincere regret.

## 哀しみ

哀しみにただ呆然とするばかりです。
I am just at a loss what to do because of sadness.

哀しみで胸が張り裂けそうです。
My heart is almost breaking with my sorrow.

この哀しみはとても言葉では言い尽くせません。
It is impossible to express this grief.

ショックで胸がつぶれてしまいそうです。
I feel my heart ache from the shock.

何も手につかないほど、悲嘆にくれています。
I am so overwhelmed with grief that I cannot concentrate on my work.

悲しくて、やり切れない思いでいっぱいです。
I cannot stand this sorrow.
I am filled with intolerable sadness.

二度とこんなに悲しい思いはしたくありません。
I do not want to suffer such a deep sorrow again.

これほど悲しいことがあっていいのでしょうか。
Is it reasonable that the story came to such a tragic end?

こんなに悲しいことが起きるなんて信じられません。
It is unbelievable that such a tragedy has really happened.

涙が止まりません。
I cannot keep back my tears.

一日中泣き続けています。
I have been choked with tears all day long.

涙が枯れるほど泣きました。
I was crying too much to dry my tears.

どんな慰めの言葉も今は耳に入りません。
I do not want to hear any words of comfort so far.

人生最悪の日々です。

The worst days of my life have come to pass.

## 楽しさ

これで一安心。気が楽になりました。
Thank you for your good news. I felt relieved to hear that.

プレッシャーもなく、とても楽な気持ちで毎日を過ごしています。
I am leading a comfortable life without pressure every day.

あなたの手紙をいつも楽しく読ませていただいています。
I always enjoy reading your letter very much.

楽しい手紙をありがとう。
Thank you for your delightful letter.

ああ、楽しかった。
Oh, I enjoyed myself very much!

かつてないほどの楽しさです。
I was as happy as I have ever experienced.

こんなに愉快な思いをしたのは生まれて初めてです。
It is the first time in my life that I enjoyed myself as much as this.

大変に楽しいひとときを過ごしました。
I had a very good time.

時間を忘れるほどの楽しさでした。
It was so pleasant that I forgot the passage of time.

最高に楽しい気分を味わうことができました。
Thanks to you, I could experience the happiest feeling.

この楽しさをあなたと分かち合えたらと思いました。
I wished I had shared the happiness with you.

★喜怒哀楽をあらわす表現

# アメリカ合衆国の州名
★50州の州名と略号一覧

| | 州名 | 正式 | 略号 | 2文字式略号 |
|---|---|---|---|---|
| ① | ワシントン | Washington | Wash. | WA |
| ② | オレゴン | Oregon | Oreg., Ore. | OR |
| ③ | カリフォルニア | California | Calif., Cal. | CA |
| ④ | アイダホ | Idaho | Ida., Id. | ID |
| ⑤ | ネバダ | Nevada | Nev. | NV |
| ⑥ | モンタナ | Montana | Mont. | MT |
| ⑦ | ワイオミング | Wyoming | Wyo., Wy | WY |
| ⑧ | ユタ | Utah | Ut. | UT |
| ⑨ | アリゾナ | Arizona | Ariz. | AZ |
| ⑩ | コロラド | Colorado | Colo. | CO |
| ⑪ | ニューメキシコ | NewMexico | N.Mex., N.M. | NM |
| ⑫ | ノースダコタ | NorthDakota | N.Dak.,N.D. | ND |
| ⑬ | サウスダコタ | SouthDakota | S.Dak.,S.D. | SD |
| ⑭ | ネブラスカ | Nebraska | Nebr.,Neb. | NE |
| ⑮ | カンサス | Kansas | Kans.,Kan. | KS |
| ⑯ | オクラホマ | Oklahoma | Okla. | OK |
| ⑰ | テキサス | Texas | Tex. | TX |
| ⑱ | ミネソタ | Minnesota | Minn. | MN |
| ⑲ | アイオワ | Iowa | Ia. | IA |
| ⑳ | ミズーリ | Missouri | Mo. | MO |
| ㉑ | アーカンソー | Arkansas | Ark. | AR |
| ㉒ | ルイジアナ | Louisiana | La. | LA |
| ㉓ | ウィスコンシン | Wisconsin | Wis., Wisc. | WI |
| ㉔ | イリノイ | Illinois | Ill. | IL |
| ㉕ | ミシガン | Michigan | Mich. | MI |
| ㉖ | インディアナ | Indiana | Ind. | IN |
| ㉗ | ケンタッキー | Kentucky | Ken., Ky. | KY |
| ㉘ | テネシー | Tennessee | Tenn. | TN |
| ㉙ | ミシシッピー | Mississippi | Miss. | MS |
| ㉚ | アラバマ | Alabama | Al., Ala. | AL |

★アメリカ合衆国の州名

| | 州名 | 正式 | 略号 | 2文字式略号 |
|---|---|---|---|---|
| ③ | オハイオ | Ohio | Ohio | OH |
| ㉜ | ジョージア | Georgia | Ga. | GA |
| ㉝ | メイン | Maine | Me. | ME |
| ㉞ | ニューハンプシャー | NewHampshire | N.H. | NH |
| ㉟ | バーモント | Vermont | Vt. | VT |
| ㊱ | マサチューセッツ | Massachusetts | Mass. | MA |
| ㊲ | ロードアイランド | Rhode Island | R.I. | RI |
| ㊳ | コネチカット | Connecticut | Conn. | CT |
| ㊴ | ニューヨーク | NewYork | N.Y. | NY |
| ㊵ | ペンシルバニア | Pennsylvania | Penn., Pa. | PA |
| ㊶ | ニュージャージー | NewJersey | N.J. | NJ |
| ㊷ | デラウェア | Delaware | Del. | DE |
| ㊸ | メリーランド | Maryland | Md. | MD |
| ㊹ | ウェストバージニア | WestVirginia | W.Va. | WV |
| ㊺ | バージニア | Virginia | Va. | VA |
| ㊻ | ノースカロライナ | NorthCarolina | N.C. | NC |
| ㊼ | サウスカロライナ | SouthCarolina | S.C. | SC |
| ㊽ | フロリダ | Florida | Fla. | FL |
| ㊾ | アラスカ | Alaska | Alas. | AK |
| ㊿ | ハワイ | Hawaii | H.I. | HI |

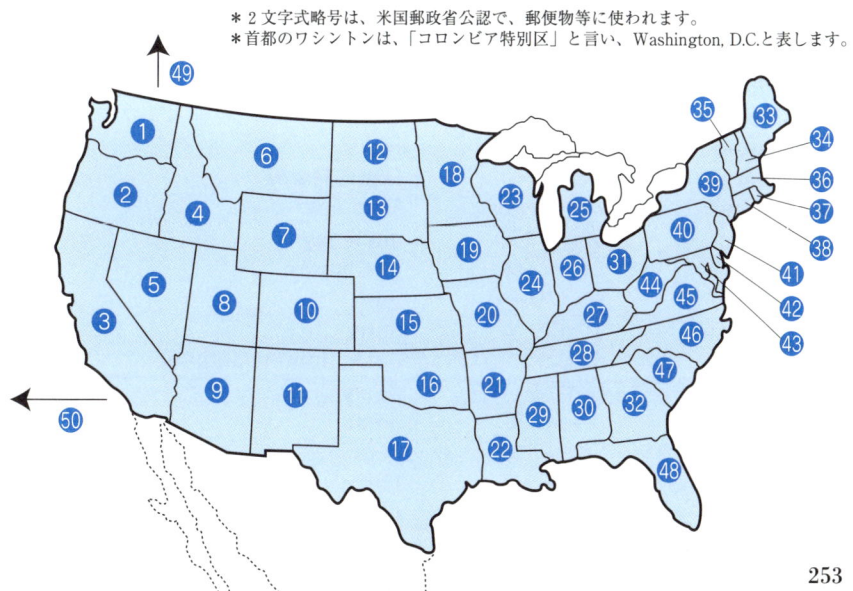

＊2文字式略号は、米国郵政省公認で、郵便物等に使われます。
＊首都のワシントンは、「コロンビア特別区」と言い、Washington, D.C.と表します。

# 親しくなったら使いたい愛称
★アメリカ人の愛称一覧

| | 名前 | 日本語表記 | 愛称 |
|---|---|---|---|
| 男性 | Abraham | アブラハム | Abe |
| | Albert | アルバート | Al, Bert |
| | Alexander | アレキサンダー | Al, Alec(k), Alex, Sande(r) |
| | Alfred | アルフレッド | Al.Alf |
| | Andrew | アンドリュー | Andy |
| | Anthony | アンソニー | Tony |
| | Archibald | アーチボルド | Archie |
| | Arthur | アーサー | Art |
| | Augustine | オーガスティン | Austin(e) |
| | Bartholomew | バーソロミュー | Bart |
| | Benedict | ベネディクト | Bennet(t) |
| | Benjamin | ベンジャミン | Ben, Benny, Benjy(Benji) |
| | Bernard | バーナード | Bernie(Barney) |
| | Bertram | バートラム | Bert |
| | Charles | チャールズ | Charlie(Charley), Chuck |
| | Christopher | クリストファー | Chris, Kit |
| | Clement | クレメント | Clem |
| | Daniel | ダニエル | Dan, Danny |
| | David | デビッド | Dave, Devy(Davie) |
| | Donald | ドナルド | Don, Donnie |
| | Edger | エドガー | Ed(dy), Ned |
| | Edward | エドワード | Ed(dy), Ned |
| | Edwin | エドウィン | Ed(dy), Ned |
| | Francis | フランシス | Frank(ie) |
| | Frederick | フレデリック | Fred, Freddy |
| | Gilbert | ギルバート | Bert |
| | Gregory | グレゴリー | Greg |
| | Harold | ハロルド | Hal |
| | Henry | ヘンリー | Hank, Harry |
| | Herbert | ハーバート | Bert |
| | Jacob | ジェイコブ | Jack, jay |
| | James | ジェームス | im, Jimmy |
| | Jeffrey | ジェフリー | Jeff |
| | Jerome | ジェローム | Jerry |
| | John | ジョン | Jack, Johnny(Johnnie) |
| | Joseph | ジョセフ | Joe(y) |
| | Joshua | ジョシュア | Josh |
| | Julian | ジュリアン | Jule |
| | Lawrence | ローレンス | Larry |
| | Louis | ルイス | Louie, Lou |

254

★ 親しくなったら使いたい愛称

|  | 名前 | 日本語表記 | 愛称 |
|---|---|---|---|
| 男性 | Matthew | マシュー | Matt, Matty |
|  | Michael | マイケル | Mick, Mick(e)y, Mike |
|  | Nathan | ネイサン | Nat |
|  | Nathaniel | ナサニエル | Nat |
|  | Nicholas | ニコラス | Nick, Nicky |
|  | Patrick | パトリック | Pat |
|  | Peter | ピーター | Pete |
|  | Phil(l)ip | フィリップ | Phil |
|  | Randolph | ランドルフ | Randy |
|  | Raymond | レイモンド | Ray |
|  | Richard | リチャード | Dick, Rick |
|  | Robert | ロバート | Bob, Bobby, Rob, Robby(Robbie) |
|  | Samuel | サミュエル | Sam, Sammy |
|  | Stephen | ステファン | Steve(n) |
|  | Terence | テレンス | Terry |
|  | Thomas | トーマス | Tom, Tommy |
|  | Victor | ビクター | Vic(k) |
|  | Walter | ウォルター | Walt |
|  | William | ウィリアム | Bill(y), will(y) |

|  | 名前 | 日本語表記 | 愛称 |
|---|---|---|---|
| 女性 | Agatha | アガサ | Aggie |
|  | Agnes | アグネス | Aggie |
|  | Alexandra | アレキサンドラ | Sandy |
|  | Alice | アリス | Allie |
|  | Angelina | アンジェリーナ | Gina |
|  | Ann(a) | アン(アンナ) | Annie, Anita, Nancy |
|  | Barbara | バーバラ | Bab, Babbie |
|  | Caroline | キャロライン | Carrie |
|  | Catherine | キャサリン | Cathy, Kate, Kitty |
|  | Christiana | クリスティアーナ | Chris |
|  | Christina | クリスティーナ | Chris |
|  | Christine | クリスティン | Chris |
|  | Clara | クララ | Clare, Clarice |
|  | Constance | コンスタンス | Connie |
|  | Cynthia | シンシア | Cindy |
|  | Davida | ダビダ | Vida |
|  | Delia | デリア | Dee, Dell |
|  | Della | デラ | Dell |
|  | Dorothy | ドロシー | Doll, Dolly, Dora, Dot, Dottie |
|  | Elizabeth | エリザベス | Lisa, Lissie, Liz, Liza, Lizzy |
|  |  |  | Bess(ie), Beth, Betty, Elise, Eliza |
|  | Emilia | エミリア | Emmy |
|  | Emily | エミリー | Emmy |

| | 名前 | 日本語表記 | 愛称 |
|---|---|---|---|
| 女性 | Emma | エマ | Emmy |
| | Euphenia | ユーフェニア | Effie |
| | Frances | フランシス | Fanny |
| | Gwendolyn | グウェンドリン | Gwen |
| | Giovannina | ジョバンニーナ | Gina |
| | Helen(a) | ヘレン(ヘレナ) | Nell, Nellie, Lena |
| | Henrietta | ヘンリエッタ | Etta |
| | Isabel | イザベル | Bell |
| | Isabella | イザベラ | Bella |
| | Jacqueline | ジャクリーン | Jackie |
| | Jane | ジェーン | Jan, Janet, Janny, Jenny(Jennie) |
| | Jeannette | ジャネット | Jean(ne) |
| | Jennifer | ジェニファー | Jenny |
| | Josephine | ジョセフィン | Jo |
| | Judith | ジュディス | Jody, Judy |
| | Julia | ジュリア | Julie, Juliet |
| | Juliana | ジュリアナ | Jill |
| | Katherine | キャサリン | Kate, Kathy, Kitty(Kittie) |
| | Laura | ローラ | Lara, Lauretta, Laurie, lolly |
| | Lola | ローラ | Lolita |
| | Louise | ルイーズ | Lou, lu |
| | Margaret | マーガレット | Greta, Maggy, May, Meg, Peg(gy) |
| | Marina | マリナ | Rena |
| | Mary | メアリー | Mamie, Moll(y), Poll(y) |
| | Mathilda | マチルダ | Maud, Matty |
| | Mildred | ミルドレッド | Millie |
| | Miriam | ミリアム | Mimi |
| | Nicole | ニコル | Nicky |
| | Pamela | パメラ | Pam |
| | Patience | パティエンス | Patty |
| | Patricia | パトリシア | Pat, Patty(Pattie) |
| | Penelope | ペネロープ | Penny |
| | Prudence | プルーデンス | Pru(e) |
| | Rachel | レイチェル | Rae, Raye |
| | Rebecca | レベッカ | Becky |
| | Regina | レジーナ | Gina |
| | Rose | ローズ | Rosetta, Rosie |
| | Sara(h) | サラ | Sally |
| | Susan | スーザン | Sue, Susie(Susy) |
| | Susanna(h) | スザンナ | Sue, Susan |
| | Theresa | テレサ | Terry |
| | Victoria | ビクトリア | Vicky |
| | Virginia | バージニア | Ginger, Ginny |
| | Yvonne | イボンヌ | Yvette |

# 付　録

# 国際郵便の決まり

■国際郵便物の送り方
■国際郵便の種類
■郵便料金一覧表

# 国際郵便物の送り方
## 送達日数と料金で変わる郵便物の送り方

　郵便局から国際郵便物を送るには、いくつかの方法があります。送り方によって送達日数と料金が大きく変わってくるので、それを考慮しながら、目的に応じた使い分けをしましょう。

## 1 航空便 ●●●●●●●●●●●●●●●●●●●●●●● 一般的

　これは飛行機で郵便物を運びます。比較的早く目的地に届けられます。送り先の国によっては**3～4日、遅くとも1週間程度**で、相手のもとに届けてもらえます。

　通常の手紙を送る場合は、この航空便を利用するのが一般的です。封筒の書き方のところでも述べたとおり、郵便物には **BY AIR MAIL**、**VIR AIR MAIL**、**PAR AVION** などと赤または青色で書き込むか、郵便局にあるスタンプやシールを利用して、航空便であることがはっきりとわかるようにします。これを忘れると船便で送られてしまうので注意しましょう。

## 2 船便 ●●●●●●●●●●●●●●●●●●●●●●● 遅いけど、安い

　船便で送る場合は、相手のところに届くまでに、おおよそ**1か月から1か月半ほど、場所によっては3か月**もかかることがあり、その日数は船の出航日程などによっても変動します。

　その分、料金はかなり安くおさえられ、特に重い荷物を送る場合には役立ちます。送る地域による料金差がないのも、船便の特徴のひとつです。

　郵便物には、赤または青色で **BY SEA MAIL** と書き込んでおくようにしましょう。

## 3 エコノミー航空（SAL） ●●●●●●●●● 手頃

　SAL とは、Surface Air Lifted の略で、郵便物を日本国内と到着国内では船便として扱い、両国間は航空輸送するというシステムで成り立っています。

　この扱いで送った場合、航空便に比べ**1～2週間程度追加の日数**がかかります。しかし、**料金は航空便よりも安く、船便よりも大幅に速く届く**ので手頃です。

郵便物には、**SAL** と書き込むか、郵便局に用意されているシール（SAL票符）を貼ることになっています。

ただし、アメリカやイギリスなら問題ありませんが、国によってはエコノミー航空（SAL）を取り扱っていない地域もあります。利用する際は郵便局で確認するようにしましょう。

## 4 国際スピード郵便(EMS) ･･･ 一番速い

国際スピード郵便（EMS）を利用すれば、書類や品物を海外へ最も速く届けることができます。制限重量（P.266参照）内の荷物であれば、航空便の速達扱いよりも速く、最優先で運んでもらえます。航空便で1週間かかるところでも、通常おおよそ**2～3日**で届くので、急ぐときにはこれを利用するのがよいでしょう。

また、万一の盗難や紛失のための損害賠償制度も充実していますし、送る国や荷物の重さによっては、国際郵便小包の航空便よりも料金が安くなる場合もあります。

表書きは、郵便局で用意されている専用のラベルに書きます。それに必要事項を書き込めば、後は窓口に差し出すだけです。

郵便局には国際スピード郵便（EMS）専用の封筒も用意されています。

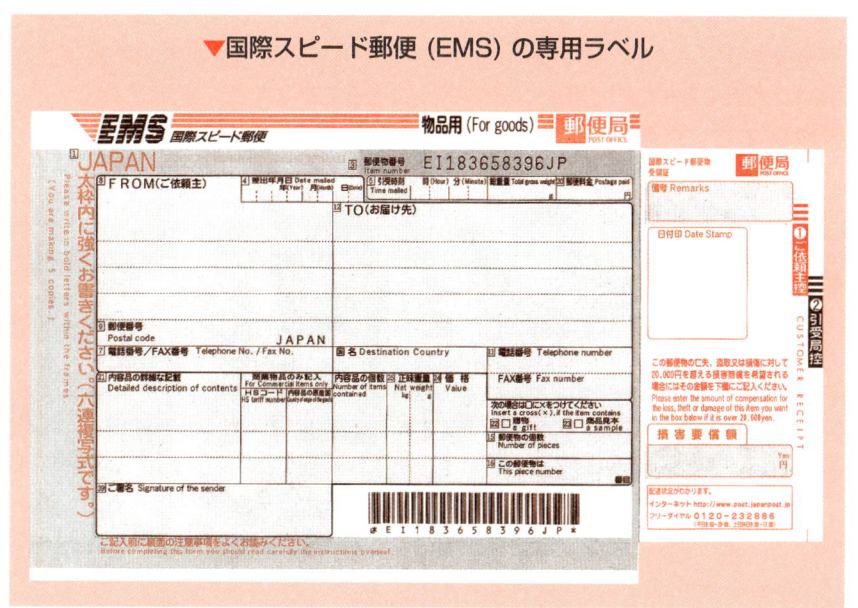

▼国際スピード郵便（EMS）の専用ラベル

# 国際郵便の種類
## 内容物に応じて選ぶ送り方と便利なサービス

## 1 手紙を送る

海外への手紙の送り方には、航空便と船便の2通りの方法があります。通常の手紙では航空便を利用するのが一般的です。

## 2 書籍や雑誌などの印刷物を送る

手紙を同封せず、書籍や冊子（雑誌、パンフレット等）、新聞などの印刷物のみを送る場合は、「**印刷物扱い**」にするのがお得です。印刷物として送ることができる重量と大きさの制限については、P.266の表を参照してください。

郵便物の表面には、必ず **Printed Matter** と赤または青色で記入するか、郵便局で専用のスタンプを押してもらいます。

### 印刷物の種類と包装のしかた
●**書籍や冊子**

包装は、包装紙で包んだ上にひもをかけたり、ひもや留め具のついた封筒を使ったりするなど、中身が容易に確認できる状態にしておくことが原則ですが、書籍や冊子のみであれば密封することもできます。

●**カレンダーやポスター、新聞**

巻くことのできるものは、細長く筒状に巻き、その上から紙を巻きつけます（帯封）。この場合、表書きはすべて帯封に記入します。差出人と受取人を間違えないよう、差出人にはFrom、受取人にはToをつけるようにしましょう。

●**グリーティングカード**

バースデーカードやクリスマスカードなども「印刷物扱い」で送ることができます。ただし、カードには Happy Birthday! や Merry Christmas! などの短い慣用句5単語以内と署名のほかは書き込むことができません。カードを入れた封筒は、のりづけをせずに、フタを内側に折り込んだ状態で出します。

●**4kgを超える量の書籍**

書籍だけをたくさん送る場合には、「**特別郵袋印刷物扱い**」にするとよいでしょう。通常30kgまで送ることができ、4kgを超える量の書籍を送る場合にはこちらを利用した方が割安になります。

## 印刷物の包装

From — 切手
To —
Printed Matter
AIR MAIL

筒状に巻き、その上から紙を巻きつける（帯封）

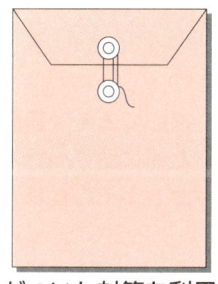

ひもがついた封筒を利用する

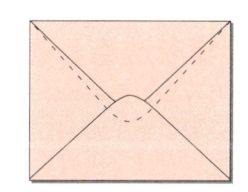

グリーティングカードを入れた封筒はのりづけせず、フタを内側に折り込んでおく

## 3 グリーティングカードを送る

　グリーティングカードを送る場合には、「印刷物扱い」とは別に設けられた**「グリーティングカード扱い」**として送ることもできます。

　バースデーカードやクリスマスカードなどのグリーティングカードだけを、25ｇまでであれば定形、定形外の区別なく、定形の航空書状と同様の扱いで差し出すことができるものです。「印刷物扱い」として送るときのような文字制限がなく、密封することも可能です。

　封筒の表面の見やすいところに必ず、**AIR MAIL** 及び **Greet-ing Card**、**Birthday Card**、**X'mas Card** などの表示をするようにしましょう。

### ●クリスマスカードの差出期限

　クリスマス・シーズンになると、世界中に大量のカードが飛び交い、大変混雑します。クリスマスカードは早めに出すようにしましょう。

　なお、郵便局では毎年、クリスマスカードがクリスマス前日までに配達されるための差出期限を定めています。知りたい場合は、郵便局に問い合わせてみるとよいでしょう。

★国際郵便の種類

## 4 小形の郵便物を送る

　小さめの荷物を、経済的に送りたい場合には「**小形包装物扱い**」がおすすめです。

　小形包装物の重量と大きさの制限についてはP.266の表を参照してください。

　荷物への住所などの書き方は、基本的には封筒に書く場合と変わりありません。差出人の氏名と住所の下には、**Small Packet** あるいは **Petit Paquet** と表示しておきます。

### 小形包装物を送るときの注意

●課税品であるか否かにかかわらず、郵便局に置いてある「**税関票符**」というラベルに必要事項を記入し、住所などを書いた面に貼りつけることになっています。これには、内容品の明細や内容品のおおよその価格などを書き入れます。

●小形包装物には貴重品を入れることができません。荷物に対する損害賠償がないので、利用する際は、その点も考慮に入れましょう。

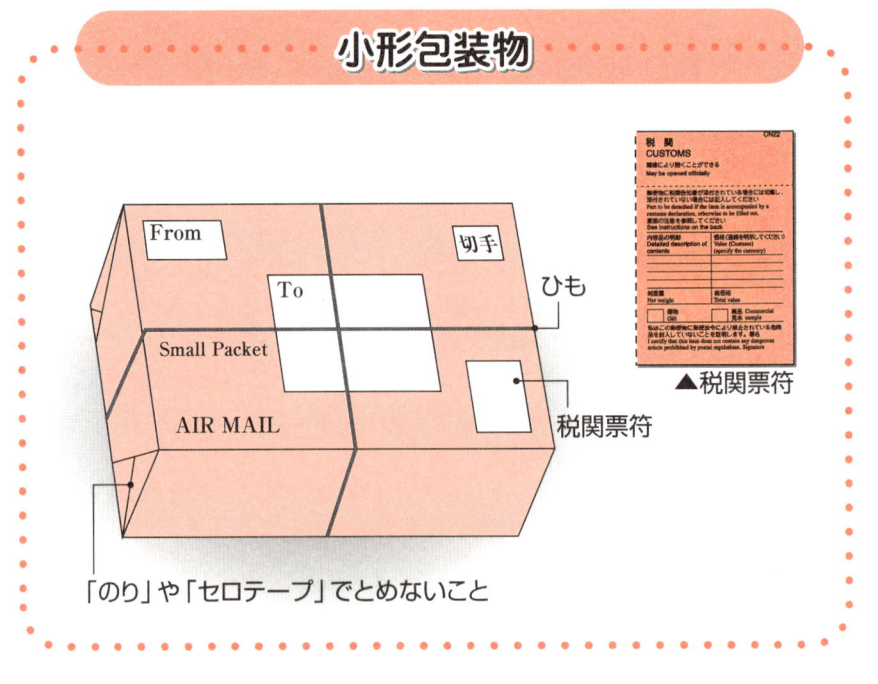

**小形包装物**

▲税関票符

「のり」や「セロテープ」でとめないこと

## 5 大きな荷物を送る

海外へ荷物を送る際に、一番よく使われるのが「**国際郵便小包**」です。印刷物や小形包装物の規定にあてはまらないものは、通常これを利用します。

オーストラリアなどの一部の国を除き、30kgの重さまでの荷物を送ることができます。

郵便局には「国際郵便小包」のための **POSTAL PARCEL と書かれた専用の送り状**が置いてあります。それに、通常の表書きにあたる内容を記入したうえで、荷物に貼って窓口に差し出します。

### 損害補償制度と保険

「国際郵便小包」で送ると、特に保険をかけなくても自動的に損害補償制度が適用されます。その点、「小形包装物扱い」で送ることのできる品物であっても、こちらを利用したほうが安心といえるでしょう。

さらに、高価な品物を送る場合には、最高2000万円までの保険をかけることもできます。

▼国際郵便小包 の専用ラベル

※いずれの送り方も、国によっては取り扱われない場合や利用条件が異なる場合があります。詳細は、郵便局の窓口で確認してください。

★国際郵便の種類

## 6 使ってみたい便利なアイテム

　次に紹介する3点は、国際郵便で利用すると便利なもので、すべて郵便局で購入することができます。

### 国際返信切手券

　日本の切手は、日本から出す郵便物にしか使うことはできません。そこで、相手からの返信がほしい場合には、この国際返信切手券を**手紙に同封**します。そうすれば、相手に負担をかけることなく返信を受け取ることができます。

　国際返信切手券は、1枚150円で販売されています。海外通販などでカタログを請求するときなどにも役立ちます。

### 国際郵便葉書

　国際郵便専用のハガキで、航空便扱いで、世界中どこへでも70円で出すことができます。切手はあらかじめ印刷されており、**書き終えたらポストに投函するだけ**でOKです。

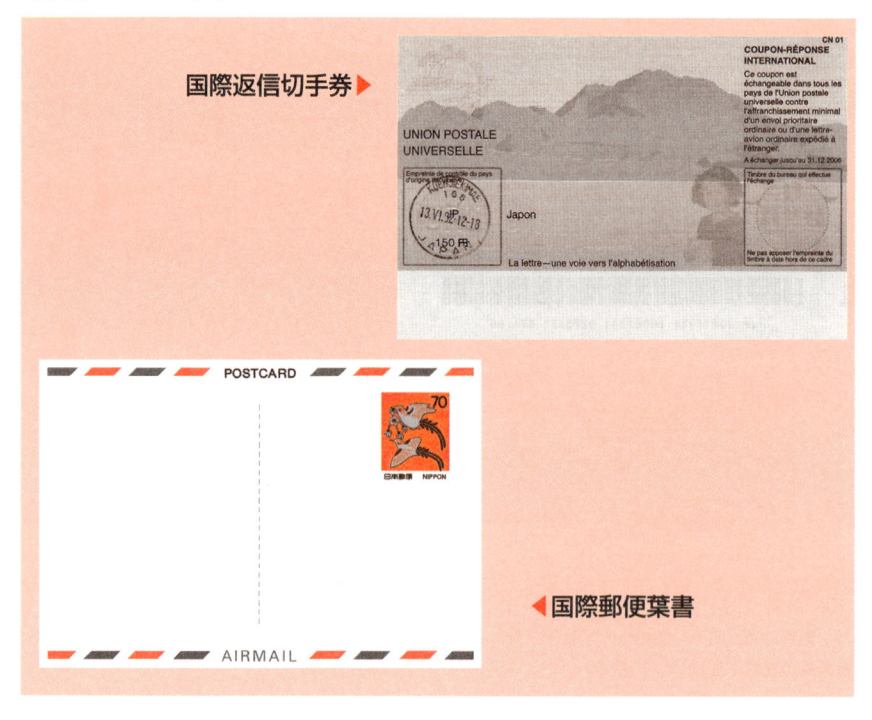

◀ 国際返信切手券

◀ 国際郵便葉書

## 航空書簡

　航空書簡（Aerogramme）は**封筒と便箋が一体**になっており、世界中どこへでも90円で送ることができます。手紙を書いた後、紙面に指示してあるとおりに折りたたんで、封をすれば一通の書簡になるというものです。

　あらかじめ切手が印刷されているので、すぐにポストへ投函できます。経済的なうえに、とても手軽で便利です。

　通信文は、内側に折られる部分のすべてに書くことができ、それは通常市販されている国際郵便用の便箋のおよそ1.5〜2枚分くらいになります。

　ただし、航空書簡には、物を入れたり、貼ったりすることはできないので注意しましょう。

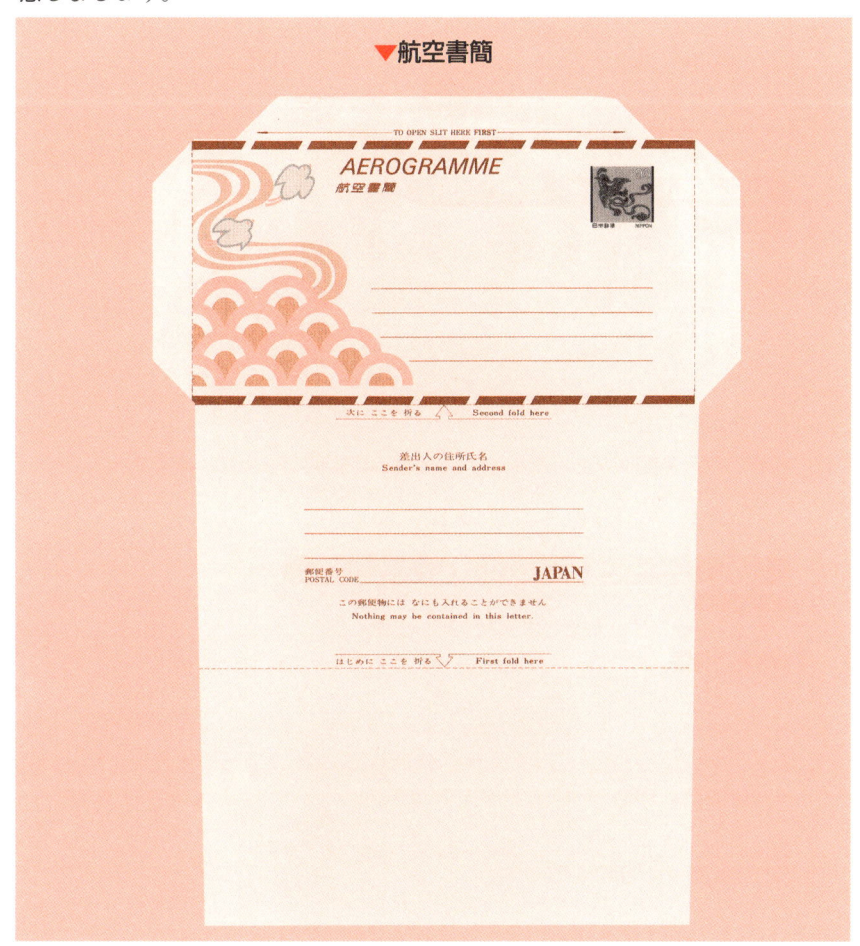

★国際郵便の種類

▼航空書簡

## 国際郵便物の重量・大きさ制限

| 種別\区別 | | 最大重量 | 大きさ 最大 | 大きさ 最小 |
|---|---|---|---|---|
| ハガキ | | — | 長さ23.5cm 幅12cm | ①円筒形のもの<br>a(長さ)=10cm<br>a+2b=17cm<br><br>②円筒形以外のもの<br>長さ14cm<br>幅9cm |
| 手紙 | 定形 | 50g | 長さ23.5cm 幅12cm 厚さ1cm | |
| 手紙 | 定形外 | 2kg | ①円筒形のもの<br>a(長さ)=90cm、a+2b=104cm<br><br>②円筒形以外のもの<br>a(長さ)=60cm、a+b+c=90cm | |
| 印刷物 | | 5kg | | |
| 小形包装物 | | 2kg | | |

※「カナダあての印刷物」及び「アイルランドあての書籍以外の印刷物」は2kgまでに限られます。

### 国際郵便小包の重量・大きさ制限

● 重量制限
　オーストラリアなど一部の国を除き30kgまで
● 大きさ制限
　国により次のAとBのいずれかに分かれます。

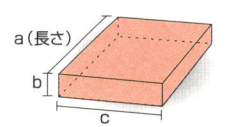

A. a+(b+c)×2=3m以内
　a=1.5m以内

B. a+(b+c)×2=2m以内
　a=1.05m以内

名あて国が、AとBのどちらを採用しているかは郵便局に問い合わせてください。
※航空小包と船便小包とで異なる大きさ制限をしている国もあります。
※ A、B以外の大きさ制限をしている国もあります。

### 国際スピード郵便(EMS)の重量・大きさ制限

● 重量制限
　オーストラリアなど一部の国を除き30kg以内
● 大きさ制限

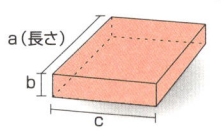

a=1.5m以内
a+2b+2c=3m以内
（アメリカでは 2.75m以内）

※一部の国では、上記以外の大きさを制限しています。

（2004年11月現在）

国によっては上記に記載した制限とは異なる場合があります。
詳しくは、郵便局で確認してください。

## 航空便

★郵便料金一覧表

| 種別 | | 重量 \ 名あて地 | アジア・グアム・ミッドウェイ等 | 北米・中米・ヨーロッパ・オセアニア・中近東 | 南米・アフリカ |
|---|---|---|---|---|---|
| 手紙 | 定形 | 25gまで | 90円 | 110円 | 130円 |
| | | 50gまで | 160円 | 190円 | 230円 |
| | 定形外 | 50gまで | 220円 | 260円 | 300円 |
| | | 100gまで | 330円 | 400円 | 480円 |
| | | 250gまで | 510円 | 670円 | 860円 |
| | | 500gまで | 780円 | 1,090円 | 1,490円 |
| | | 1kgまで | 1,450円 | 2,060円 | 2,850円 |
| | | 2kgまで | 2,150円 | 3,410円 | 4,990円 |
| 郵便ハガキ | | ― | 全世界あて70円均一 | | |
| 航空書簡 | | ― | 全世界あて90円均一 | | |
| グリーティングカード | | 25gまで | 90円 | 110円 | 130円 |
| 印刷物 | | 20gまで | 70円 | 80円 | 90円 |
| | | 25gまで | 90円 | 110円 | 130円 |
| | | 50gまで | 120円 | 150円 | 170円 |
| | | 50gを越えて50g増すごとに | 70円増 | 90円増 | 120円増 |
| | | 1kg | 1,450円 | 1,860円 | 2,450円 |
| | | 1kgを越えて250g増すごとに | 175円増 | 225円増 | 300円増 |
| | | 3kg | 2,850円 | 3,660円 | 4,850円 |
| | | 3kgを越えて500g増すごとに | 350円増 | 450円増 | 600円増 |
| | | 5kg | 4,250円 | 5,460円 | 7,250円 |
| 小形包装物 | | 50gまで | 120円 | 150円 | 170円 |
| | | 50gを越えて50g増すごとに | 70円増 | 90円増 | 120円増 |
| | | 1kg | 1,450円 | 1,860円 | 2,450円 |
| | | 1kgを越えて250g増すごとに | 175円増 | 225円増 | 300円増 |
| | | 2kg | 2,150円 | 2,760円 | 3,650円 |

### ▼国際郵便小包

| 重量 \ 名あて地 | 東アジア・グアム・ミッドウェイ等 | 東南アジア・西南アジア | 北米・中米・ヨーロッパ・オセアニア・中近東 | 南米・アフリカ |
|---|---|---|---|---|
| 500gまで | 1,700円 | 2,100円 | 2,500円 | 3,200円 |
| 500gを越えて500g増すごとに | 350円増 | 600円増 | 850円増 | 1,400円増 |
| 5kg | 4,850円 | 7,500円 | 10,150円 | 15,800円 |
| 5kgを越えて500g増すごとに | 300円増 | 500円増 | 750円増 | 1,200円増 |
| 10kg | 7,850円 | 12,500円 | 17,650円 | 27,800円 |
| 10kgを越えて1kg増すごとに | 400円増 | 700円増 | 950円増 | 1,600円増 |
| 30kg | 15,850円 | 26,500円 | 36,650円 | 59,800円 |

(2004年11月現在)

## 船便

| 種別 | | 重量 | 名あて地 | 料金 |
|---|---|---|---|---|
| 手紙 | | 20gまで | 地域に関係なく一律 | 90円 |
| | | 50gまで | | 160円 |
| | | 100gまで | | 270円 |
| | | 250gまで | | 540円 |
| | | 500gまで | | 1,040円 |
| | | 1kgまで | | 1,800円 |
| | | 2kgまで | | 2,930円 |
| 郵便ハガキ | | — | | 60円 |
| 印刷物 | 内国第三種および学術刊行物に相当するもの | 50gまで | | 70円 |
| | | 100gまで | | 90円 |
| | | 250gまで | | 130円 |
| | | 500gまで | | 220円 |
| | | 1kgまで | | 390円 |
| | | 2kgまで | | 540円 |
| | | 2kgを越えて1kg増すごとに | | 270円増 |
| | | 5kg | | 1,350円 |
| | その他のもの | 20gまで | | 70円 |
| | | 50gまで | | 100円 |
| | | 100gまで | | 130円 |
| | | 250gまで | | 220円 |
| | | 500gまで | | 430円 |
| | | 1kgまで | | 770円 |
| | | 2kgまで | | 1,080円 |
| | | 2kgを越えて1kg増すごとに | | 540円増 |
| | | 5kg | | 2,700円 |
| 小形包装物 | | 100gまで | | 130円 |
| | | 250gまで | | 220円 |
| | | 500gまで | | 430円 |
| | | 1kgまで | | 770円 |
| | | 2kgまで | | 1,080円 |

### ▼国際郵便小包

| 重量 \ 名あて地 | 東アジア・グアム・ミッドウェイ等 | 東南アジア・西南アジア | 北米・中米・ヨーロッパ・オセアニア・中近東 | 南米・アフリカ |
|---|---|---|---|---|
| 1kgまで | 1,500円 | 1,700円 | 1,800円 | 2,200円 |
| 1kgを越えて1kg増すごとに | 250円増 | 400円増 | 550円増 | 450円増 |
| 10kg | 3,750円 | 5,300円 | 6,750円 | 6,250円 |
| 10kgを越えて1kg増すごとに | 200円増 | 300円増 | 350円増 | 350円増 |
| 30kg | 7,750円 | 11,300円 | 13,750円 | 13,250円 |

(2004年11月現在)

## エコノミー航空（SAL）

★郵便料金一覧表

| 種別 | 重量 \ 名あて地 | アジア・グアム・ミッドウェイ等 | 北米・中米・ヨーロッパ・オセアニア・中近東 | 南米・アフリカ |
|---|---|---|---|---|
| 印刷物 | 20gまで | 70円 | 75円 | 80円 |
| | 50gまで | 100円 | 110円 | 120円 |
| | 100gまで | 160円 | 180円 | 200円 |
| | 100gを越えて100g増すごとに | 80円増 | 100円増 | 120円増 |
| | 5kg | 4,080円 | 5,080円 | 6,080円 |
| 小形包装物 | 100gまで | 160円 | 180円 | 200円 |
| | 100gを越えて100g増すごとに | 80円増 | 100円増 | 120円増 |
| | 2kg | 1,680円 | 2,080円 | 2,480円 |

▼国際郵便小包

| 重量 \ 名あて地 | 東アジア・グアム・ミッドウェイ等 | 東南アジア・西南アジア | 北米・中米・ヨーロッパ・オセアニア・中近東 | 南米・アフリカ |
|---|---|---|---|---|
| 1kgまで | 1,800円 | 2,200円 | 2,700円 | 3,400円 |
| 1kgを越えて1kg増すごとに | 600円増 | 700円増 | 1,150円増 | 1,600円増 |
| 5kg | 4,200円 | 5,000円 | 7,300円 | 9,800円 |
| 5kgを越えて1kg増すごとに | 500円増 | 600円増 | 1,050円増 | 1,450円増 |
| 10kg | 6,700円 | 8,000円 | 12,550円 | 17,050円 |
| 10kgを越えて1kg増すごとに | 300円増 | 400円増 | 700円増 | 1,000円増 |
| 30kg | 12,700円 | 16,000円 | 26,550円 | 37,050円 |

（2004年11月現在）

## 国際スピード郵便（EMS）

| 名あて地＼重量 | アジア・グアム・ミッドウェイ等 | 北米・中米・オセアニア・中近東 | ヨーロッパ | 南米・アフリカ |
|---|---|---|---|---|
| 300gまで | 900円 | 1,200円 | 1,500円 | 1,700円 |
| 500gまで | 1,100円 | 1,500円 | 1,800円 | 2,100円 |
| 500gを越えて100g増すごとに | 140円増 | 180円増 | 200円増 | 340円増 |
| 1kg | 1,800円 | 2,400円 | 2,800円 | 3,800円 |
| 1kgを越えて250g増すごとに | 300円増 | 400円増 | 450円増 | 800円増 |
| 2kg | 3,000円 | 4,000円 | 4,600円 | 7,000円 |
| 2kgを越えて500g増すごとに | 500円増 | 700円増 | 800円増 | 1,500円増 |
| 6kg | 7,000円 | 9,600円 | 11,000円 | 19,000円 |
| 6kgを越えて1kg増すごとに | 800円増 | 1,100円増 | 1,300円増 | 2,100円増 |
| 30kg | 26,200円 | 36,000円 | 42,200円 | 69,400円 |

### 主な特殊取扱

| 種類 | | 通常郵便物 | 小包郵便物 |
|---|---|---|---|
| 書留料 | | 410円 | ― |
| 速達料※ | | 260円 | 450円 |
| 保険料 | 保険金額 2万円まで | 460円 | 400円 |
| | 保険金額 2万円を越える 2万円ごとに | 50円増 | 50円増 |

※速達を行わない国・地域がありますので、詳しくは郵便局でたずねましょう。

（2004年11月現在）

## 国際郵便日数表

| 地域 | 国・地域名 | 都市名 | 国際スピード郵便物(EMS)標準所要日数 | 航空通常郵便物(名あて国空港まで)標準所要日数 |
|---|---|---|---|---|
| 北米 | アメリカ | ニューヨーク | 1日 | 2日 |
| | | サンフランシスコ | 1日 | 1～2日 |
| | | シカゴ | 1日 | 2日 |
| | カナダ | バンクーバー | 2日 | 3日 |
| | | モントリオール | 2日 | 3日 |
| ヨーロッパ | イギリス | ロンドン | 2日 | 3日 |
| | フランス | パリ | 1日 | 3日 |
| | ドイツ | フランクフルト | 2日 | 2～3日 |
| | イタリア | ローマ | 2日 | 3日 |
| | オランダ | アムステルダム | 2日 | 2日 |
| | スイス | チューリッヒ | 2日 | 3日 |
| | オーストリア | ウィーン | 2日 | 3日 |
| | ベルギー | ブリュッセル | 2日 | 3日 |
| | スペイン | マドリッド | 2日 | 3～4日 |
| | スウェーデン | ストックホルム | 2日 | 3日 |
| | デンマーク | コペンハーゲン | 2日 | 2日 |
| | フィンランド | ヘルシンキ | 2日 | 3日 |
| | ハンガリー | ブダペスト | 2日 | 3日 |
| | ポーランド | ワルシャワ | 2日 | 2～3日 |
| | ロシア | モスクワ | 2日 | 4日 |
| オセアニア | オーストラリア | シドニー | 2日 | 2～3日 |
| | ニュージーランド | オークランド | 2日 | 3日 |
| アジア | 大韓民国 | ソウル | 1～2日 | 3日 |
| | 中国 | 北京 | 1～2日 | 3日 |
| | | 上海 | 2日 | 3日 |
| | | 香港 | 1～2日 | 2日 |
| | 台湾 | 台北 | 2日 | 3日 |
| | フィリピン | マニラ | 2日 | 4日 |
| | シンガポール | シンガポール | 1日 | 2日 |
| | タイ | バンコク | 2日 | 3日 |
| | インドネシア | ジャカルタ | 2日 | 4日 |
| | マレーシア | クアラルンプール | 2日 | 3日 |
| | インド | デリー | 3日 | 5日 |
| 南米 | メキシコ | メキシコシティ | 2日 | 6日 |
| | ブラジル | サンパウロ | 1～2日 | 3日 |
| | アルゼンチン | ブエノスアイレス | 2日 | 4日 |
| | ペルー | リマ | 3日 | 3～4日 |
| | チリ | サンティアゴ | 3日 | 4日 |
| その他 | トルコ | イスタンブール | 2日 | 3日 |
| | イスラエル | テルアビブ | 2日 | 5日 |
| | 南アフリカ | ヨハネスブルグ | 2日 | 4日 |

※上の表に記した標準所要日数は、郵便物の差出日（日本時間）から配達日（現地時間）までの目安となる日数を、各国からの報告に基づき算出したもので、差し出した日は含まれていません。
※上の表は、東京国際郵便局を基準に設定されていますので、他の郵便局から差し出す場合、さらに1～2日かかります。
※航空通常郵便物の標準所要日数については、差し出してから名あて国の空港に到着するまでの日数です。
※郵便物が書類、手紙等の場合でも、通関に日数がかかる場合があります。
　また、現地の取扱い状況により日数が多少異なることがあります。
※引受・輸送・配達期間に土・日・休日が含まれる場合、また飛行機の遅延・欠航などが発生した場合などは、さらに日数がかかります。
※エコノミー航空（SAL）と船便の所要日数については、そのときどきの状況によって大きく異なり、標準所要日数が割り出しにくいため公表されていません。おおよその日数が知りたい場合は、郵便局に直接問い合わせください。

### 国際郵便に関する問い合わせ先
東京国際郵便局（03）3241-4869　大阪国際郵便局（0724）55-1400
国際郵便に関するさらに詳しい情報はURL http://www.post.japanpost.jp/

★郵便料金一覧表

●著者紹介●

## マット・ケイ（Matt Kay）

1976年イギリス生まれ。マンチェスター・メトロポリタン大学で社会学学士、ロンドン・ウエストミンスター・カレッジでケンブリッジRSA CELTA（英語教授資格）取得。大学卒業後、ロンドンのクレスト・イングリッシュ学校、イングリッシュ・ランゲージ・インスティチュートで教師をつとめるかたわら、交換教師プログラムによって来日、複数の公立中学校と小学校で英語・英会話の指導を行う。その後、結婚を機に来日し、英会話学校ソフィアゼミの専任講師として活躍。

そのまま写せる！ 簡単英文レター・メール実例集

著　者　マット・ケイ
発行者　深見悦司
発行所　成美堂出版
　　　　〒162-8445　東京都新宿区新小川町1-7
　　　　電話(03)5206-8151　FAX(03)5206-8159
印　刷　株式会社　東京印書館

©Matt Kay 2005　　PRINTED IN JAPAN
ISBN4-415-02800-4
落丁・乱丁などの不良本はお取り替えします
定価はカバーに表示してあります